名师工程
创新班主任系列

班级成长密码
一个优秀班主任的**教育智慧**

杨顺琴 / 著

西南师范大学出版社
国家一级出版社 全国百佳图书出版单位

图书在版编目(CIP)数据

班级成长密码：一个优秀班主任的教育智慧 / 杨顺琴著. — 重庆：西南师范大学出版社，2018.11
ISBN 978-7-5621-9270-1

Ⅰ. ①班… Ⅱ. ①杨… Ⅲ. ①班主任工作 Ⅳ. ①G451.6

中国版本图书馆 CIP 数据核字(2018)第 258669 号

名师工程系列丛书

编委会主任：马 立 宋乃庆
总 策 划：周安平
策 划：李远毅 卢 旭 郑持军 郭德军

班级成长密码：一个优秀班主任的教育智慧
杨顺琴 著

责任编辑：	雷 兮
封面设计：	闰江文化
排 版：	吴秀琴
出版发行：	西南师范大学出版社
	地址：重庆市北碚区天生路1号
	邮编：400715 市场营销部电话：023-68868624
	http://www.xscbs.com
经 销：	新华书店
印 刷：	重庆共创印务有限公司
幅面尺寸：	170mm×240mm
印 张：	15
字 数：	281千字
版 次：	2019年1月 第1版
印 次：	2020年9月 第2次印刷
书 号：	ISBN 978-7-5621-9270-1
定 价：	38.00元

若有印装质量问题，请联系出版社调换
版权所有 翻印必究

序　言

只要给我们一间教室,一个班级,就足够了。

教室,是老师开展教育实践的基地,是学生学习生活的殿堂,是我们共同成长的一方乐园。我们的班级就在这里诞生,在这里成长,在这里走向未来。

如果说班级像一个大家庭,那么在这里,老师是家长,学生是孩子。孩子们在家长的关爱与呵护下,相亲相爱,快乐成长。

如果说班级像一个小社会,那么在这里,孩子们会经历酸甜苦辣的成长历程。在生活的磨砺与锻炼中,学会坚强,茁壮成长。

在引领班级幸福成长的过程中,班主任应该怎么做呢?

首先,班主任应关注班级发展。

一个班级的良好发展离不开有效的管理。优秀的班级文化、科学的管理制度,可以很好地引领班级向着良好的方向发展。做好班级管理,就是铺好了前进的大道。

在班级发展的过程中,开展丰富多彩的活动是必不可少的。活动总是能够激发孩子们的参与热情,调动孩子们的学习兴趣。有意义的各类班级活动,既促进了班级管理,又开发了学习潜能。

其次,班主任应关注学生成长。

学生的能力需要在实践中培养。分数固然重要,能力更加重要。有能力的孩子会更棒。会做事又会学习,当然更受欢迎。而能力的发展,离不开思想认识的提高。

学生的心灵更需要老师的精心呵护。谁的青春不迷茫?成长的过程中,学生难免会遇到挫折,遇到困难,遇到迷惑。老师的关爱与呵护可以给孩子带来温暖,带来力量,明确前进的方向。

最后,班主任应关注自我成长。

打铁还需自身硬。一个班主任,若有着良好的素养与深厚的功底,必定能赢得学生与家长的喜爱和赞赏。然而班主任也需要与时俱进,在学习中不断成长。

在班级里,经常实践反思,可以促进教育教学;对话学生,走进孩子的世界,才能感悟教育真谛;徜徉书海,观看影视,网络研讨,既可向名家学习,又能与同行探讨,实现智慧共享;经常写写文章,在思考中更能有力地前行。

班级的成长,是一个师生共同成长的过程。在这里,老师与孩子们一起品尝喜怒哀乐,一起经历风风雨雨,一起共度欢乐时光,一起留下美好回忆。

班级成长与否,也关系着老师与孩子们是否幸福。只有和谐发展的班级,才能带给孩子们爱与智慧,引领孩子们充满活力地走向未来。

我记得一些学生在特殊节日里给我的祝福。晓青,一个聪明而羞涩的女孩,当年她红着脸跑进办公室送给我一张贺卡。那贺卡上是一只漂亮的小白兔,毛茸茸的,很可爱。因为她是我教书后第一个送我贺卡的女孩,而且我正好是属兔的,所以,我从此就记住了她。还记得那天,窗外的阳光特别灿烂,天空特别蔚蓝,云朵特别洁白,一切都那么美好。鸣洁,一个漂亮而内敛的女孩。在送给我的新年贺卡上,她回忆了一件连老师都难以记起的小事。她感谢我在一次作文评语中的一句话点醒了她,让她不再像姐姐那样颓废。还有文婷,在教师节送给我一张她亲手制作的贺卡,表达了对我的依恋。当然,还有许许多多给我送祝福的学生。每当我收到孩子们的祝福时,就感觉自己是一个非常幸福的老师。

爱是人世间最美妙的一种情感。有爱传递,生活才会幸福快乐。在与孩子们朝夕相处的日子里,我们要用爱心与智慧,和孩子们一起快乐地成长,快乐地生活。愿几年之后,这些懵懂幼稚的小孩子,经历阳光的照耀与风雨的洗礼,都成长为懂事能干的小大人。

让我们与孩子一起,守护我们的教室,酝酿教育的幸福。

目 录

序 言 ……………………………………………………………… 1

第一辑　班级管理,在稳定中前进 …………………………… 1

　　做好开学演讲 ………………………………………………… 3
　　万事开头易 …………………………………………………… 7
　　文化,班级的灵魂 …………………………………………… 12
　　制度,管理的保障 …………………………………………… 18
　　推行赋分,激发主人翁意识 ………………………………… 23
　　小组竞争,增强班级活力 …………………………………… 26
　　合情合理,调整全班座位 …………………………………… 29
　　午休的无声管理 ……………………………………………… 32
　　及时改进,做好持续管理 …………………………………… 34
　　国学,让学生更智慧 ………………………………………… 37

第二辑　班级活动,在快乐中开展 …………………………… 41

　　倡导读书,享受书香世界 …………………………………… 43
　　沐浴书香,分享读书收获 …………………………………… 47
　　玩是学习的动力 ……………………………………………… 52
　　电子班刊《晨曦》的诞生 …………………………………… 57
　　快乐的班级运动会 …………………………………………… 60
　　难忘的合唱比赛 ……………………………………………… 62

感动班级十大人物 ···66
　　迎新年联欢会 ···69
　　有趣的班级活动 ···73
　　为学生搭建展示自我的平台 ·································76

第三辑　学生能力，在实践中培养 ·································81
　　能力为生存之本 ···83
　　有一种爱叫放手 ···85
　　班干部，在锻炼中成长 ···88
　　激励培养，让优等生更优 ·····································91
　　细心指导，让普通生进步 ·····································95
　　发展长处，让学困生抬头 ·····································99
　　让孩子享受学习 ··103
　　滴水穿石的力量 ··106
　　珍惜时间，提高做事效率 ···································108
　　教学相长，与学生一起进步 ································112

第四辑　学生心灵，在呵护中成长 ·······························117
　　及时开导，指引学生前进 ···································119
　　信任，换来自觉 ··123
　　赏识的力量 ··126
　　严爱相济，端正学生态度 ···································129
　　真心援助，触动学生心灵 ···································136
　　及时跟踪，帮助学生进步 ···································141
　　班会：友谊地久天长 ···145
　　教育是关注心灵的艺术 ······································149
　　思想教育，需要经常渗透 ···································152
　　家校合作，助力孩子成长 ···································156

第五辑　恩师难忘，在小事中铭记 ·············· 161
　　病弱中的一股暖流 ·············· 163
　　值得尊敬的孝心 ·············· 166
　　有趣的课堂 ·············· 168
　　恪尽职守，令孩子敬佩 ·············· 170
　　老师像妈妈一样 ·············· 172
　　严厉与慈爱兼有 ·············· 175
　　点点鼓励，带给孩子自信 ·············· 177
　　处事公正的老师 ·············· 180
　　用耐心陪伴孩子成长 ·············· 182
　　让教育充满智慧 ·············· 185

第六辑　自我素养，在学习中提升 ·············· 187
　　从事研究，开始享受教育 ·············· 189
　　创新，带来发展活力 ·············· 192
　　让演讲更有魅力 ·············· 196
　　对话成长，走进孩子的世界 ·············· 199
　　善于做调查研究 ·············· 206
　　做学习型老师 ·············· 210
　　观看影视，感受教育人生 ·············· 215
　　网络研讨，视野更加开阔 ·············· 219
　　热爱读书，遇见最好的自己 ·············· 223
　　热爱写作，遇见未知的自己 ·············· 227

后　记 ·············· 231

第一辑

班级管理，在稳定中前进

做好开学演讲

"好的开端是成功的一半。"把开学工作认认真真、踏踏实实做好,今后的路会走得顺利些。进入新学期,无论是新生还是老生,都很期待班主任的发言,都很看重班主任的行动。

此时,班主任若不谈谈自己对同学们的期望,不谈谈自己对班级的管理思路,同学们会感到失望。班主任若能抓住这个契机,好好与全班同学交流一番,谈谈班级管理的目标,谈谈对同学们的期望,大家就会鼓足了劲,精神饱满地开始新学期的学习之旅。

因此,班主任做好开学演讲,是很有必要的。

聪明·团结·文明

经过一次次的思考与讨论,我们班最终取名为"七彩阳光"班,意思是同学们共同沐浴在班级大家庭温暖的阳光下,努力追寻着自己的七彩梦想。班级理念是:培育智慧学子,成就多彩人生。班级目标是:创最好的班级,做最好的自己。

这些班级文化是由两届班委会一步步设计完善并最终确定下来的。每学期开学初,我都会和全班同学进行一次深入的交流,并让全班同学明确我们班级的目标。当然,这里所说的"最好",是自己跟自己纵向比较,是要我们的班级、我们的同学每一天都比昨天有进步,都比过去做得好。

记得又带一级新生时,开学第一天,发好新书、排好位置、选好班干部后,我提出我们班的目标是:创最好的班级,做最好的自己。我问大家,想不想生活在一个优秀的班级里?同学们立刻表示,当然想。我又问,一个优秀的班级,是靠老师来管理,还是靠同学们和老师一起来管理?大家说,当然需要同学们和老师一起来管理。是的,一个优秀的班级不能只依靠老师来管理,每一个同学都要努力地为班级做出自己最大的奉献。于是,我提出了三个关键词:聪明、团结、文明。

第一,每个同学都要做一个真正聪明的人。金无足赤,人无完人。每个人身上都会有优点,也会有缺点。新学期,我们每位同学都要尽情地去展现自己的优点,并努力地改正自己的缺点,给周围的老师和同学都留下一个良好的印象。当然,如果哪位同学身上有小小的毛病暴露出来了,全班同学都要用一颗包容的心去对待,去帮助同学取得进步。

第二,每个同学都要做一个懂得团结的人。一支团结的队伍才叫团队,否则就是一盘散沙。一个团结的班级才会被人尊重,不团结的班级是不会被人尊重的。今天,我们有缘走在一起,组合成一个大家庭。在这个大家庭里,老师们都是家长,同学们都是兄弟姐妹,无论何时何地,我们的一言一行都要维护班级的荣誉。

第三,每个同学都要做一个言行文明的人。在这里,我给同学们提出一个口号:男生要有绅士风度,女生要有淑女风范。男生要勇于抢挑重担,争着做重活累活,还要懂得保护我们班的女生。而女生要端庄、大方、文雅,在班级设计等展示我们心灵手巧的事情上要争着去做。男女生要相互协助,相互支持,文明交往。在学校里,与同学们打交道最多的就是老师了。进入新的学校,所有的老师,任课或者不任课的,都是同学们的老师。平时,只要见到学校里的任何老师,同学们都要主动地上前打招呼。这是在校园里同学们文明礼貌素养的最基本的表现。

开学初,班主任根据自己的带班经验,对全班同学提出一些期望,能让孩子们明白自己今后的努力方向。预防大于救火,平常做好学生的思想预防工作,日后能减少很多不必要的麻烦。这样,有利于班级工作的顺利开展。

做好生活的"加减乘除"

又开学了。

第一节课,打扫卫生、检查作业、发新书等,一切就绪。

接着,我为全班同学送上了一番新学期寄语,主题为"做好生活的'加减乘除'",希望全班同学做一个智慧的人,会学习、会生活。我的开学小演讲如下。

亲爱的同学们:

又是一年开学季,经过春节的洗礼,大家的心情一定很快乐。春天,是一个万物复苏、生机勃勃的季节;春天,更是一个充满希望、充满力量的季节。在这个春天里,我们将迎来新一轮的学习生活。那么,面对这样崭新的一个学期,我们应该以怎样的姿态来生活呢？在这里，老师希望同学们学会做好生活的"加减乘除"。

第一，学习——要会做"加法"。我们的学习有两种，一是在课堂上学习"有字书"；二是在课堂外学习"无字书"。课堂上，同学们要学习语文、数学、英语、物理、化学、政治、历史、地理、生物等许多学科的知识。大家要认真学习，积极展示，积极完成作业，让自己每一天的知识都在不断地增加。课堂外，同学们要积极参与班级管理，争当班级的主人翁。无论是监督纪律、收发作业，还是负责卫生、督促锻炼等，都要努力找到自己的位置，并尽职尽责，做到最好，让自己做事的能力每一天都在不断地增强。

第二，时间——要会做"减法"。两千多年前的孔子曾站在岸边感叹："逝者如斯夫，不舍昼夜。"时间，就像流水一样不知不觉地流逝着。"去的尽管去了，来的尽管来着；去来的中间，又怎样地匆匆呢？早上我起来的时候，小屋里射进两三方斜斜的太阳。太阳他有脚啊，轻轻悄悄地挪移了；我也茫茫然跟着旋转。于是——洗手的时候，日子从水盆里过去；吃饭的时候，日子从饭碗里过去；默默时，便从凝然的双眼前过去。"著名学者朱自清的这篇文章《匆匆》，向我们描绘了时间的自然流逝多么让人无奈。同学们应该再好好读读这篇文章。"少壮不努力，老大徒伤悲。"因此，我们一定要珍惜青春年少的时光，节约时间，减少无意义的时间消耗，好好学习。

第三，快乐——要会做"乘法"。我们要学会把快乐与人分享。一份快乐，如果你与一个朋友分享，就变成了两份；如果你与两个朋友分享，就变成了三份……学会分享，我们的快乐才会倍增。例如，课堂上你积极回答问题，全班几十个同学都听到了你准确漂亮的回答，你的快乐是不是增加了几十倍？如果你一个人默默地做着题目，会做也不回答，那么你的快乐便无人知晓。"独乐乐，不如众乐乐。"再例如，你会唱一首歌，会表演一个魔术，如果能与几个同学，甚至全班一起分享，那么你的快乐是不是就增加了几倍，甚至几十倍？所以，希望同学们一定要学会与大家分享快乐，让每一天都过得开开心心的。

第四，烦恼——要会做"除法"。我们的生活充满了七色阳光，但即使是在阳光普照的晴空，也难免会出现短暂的阴云。成长中的少年，会有一些挥之不去的烦恼。这些烦恼来自生活，来自学习，来自与同学的交往……对待烦恼，我们就要学会做"除法"了。一份烦恼，如果有人与你分担，就变成了半分；如果两人能一起解决，烦恼就烟消云散了。例如，遇上了一道难题，你冥思苦想也没做出来。于是，你就可以去找同学一起解决，你也可以去找老师一起解决。再例如，你与同学发生了矛盾,不知道该怎么办。你可以向老师同学倾诉,你也可以与爸爸妈妈交流。人多智慧多,一定可以化干戈为玉帛,走出烦恼,快乐成长。

  生活的"加减乘除",你会做吗?从现在起,让我们做一个智慧的人,把学习做"加法",把时间做"减法",把快乐做"乘法",把烦恼做"除法"。在最美好的年少时光里,努力学习,不断增长智慧,增长本领,带着快乐,带着梦想,去拥抱多彩的生活吧!

  班主任引领着班级的前进。有思想,有行动,才会获得孩子们的喜爱和拥护。在提倡班级自主化管理的今天,做好开学教育,做好开学演讲,是班主任应该做到,应该重视的。开学初,班主任给全班学生带来力量,带来憧憬,带来美好,会让孩子们充满活力地开始新的学习旅程。

万事开头易

俗话说:万事开头难。我们老师只要把握好了与自己学生刚接触的那段时间,日后的工作就顺利多了。

新学期刚开始时一般有以下两种状况,或者会有新来的学生,不认识老师,对一切都充满了新鲜感;或者还是原来的学生,已经对学校生活比较熟悉了。但是新学期新气象,新的生活总是让孩子们很期待。于是他们几乎个个都听讲认真、做作业认真、沟通容易、办事积极。老师只要好好把握学生开学初的这些良好特点,利用好这些好的开头,就可以有条不紊地开展起自己教书育人的工作。

思想预防:学会与周围人相处

今天是九月一日,秋雨绵绵,天气凉爽,我们迎来了新学期的第一天。

昨天,学生们已经来到学校,打扫卫生、报名、发书等事情已基本做好。今天早自习,班干部检查、收交暑假作业,然后语文科代表领读了新书上的一些古诗词。

上午二、三节是语文课。作为班主任,我要先安排好开学初的一些基础性工作,例如排座位、竞选班干部、制订班规等。把班级管理的"大道"都铺好后,我们才能昂首大步地向前进。

首先,我问了下同学们,暑假过得好不好,过得充实吗,过得有意义吗,结果回答都是否定的,同学们都大笑。

我说:"进入初中,大家也都进入了青春期,一方面,你们不希望受到家长与老师的束缚;另一方面,给了你们足够的时间自由支配时,你们又不知道怎么过得有意义。"只见下面有些同学点点头,表示认同。

"所以,你们要学会制订计划。"我接着说,"以后每次在放暑假、寒假等长假的时候,先给自己订好计划,想想自己在假期里要做哪些事情,然后一件一件地去完成。等到放完假的时候,你就会发现自己过得很充实很有意义了。"

当然,暑假已经过去。接下来,我要和孩子们聊聊新学期的事儿了。我主要和学生们谈了两个方面:一是如何与老师相处;二是如何与同学相处。每一个人都是具有社会性的,最需要学会的就是与周围的人相处。而在校园里,学生们接触最多的就是自己的老师和同学。

新学期,我们班换了些新的老师。昨天舒恺同学在QQ动态里说,开学了不知道新老师是谁,会不会烦。我给他留言:"亲其师,信其道。如果你很喜欢一个老师,并让他感觉到,老师也会很喜欢你。一个学生很喜欢哪个老师,哪门功课就会学得很好。这是发生在许多学生身上的事实。"我给同学们讲了这个事,大家都点头笑。

我说:"我们班上的老师配备好了,肯定是不会换的。所以,你们要学会跟班上的每个老师培养感情。平时,多想想这个老师的优点有哪些,那个老师的优点有哪些,想办法让自己喜欢上每个老师,未来你的学习一定会好。如果你讨厌一个老师的话,他带的那门课你一定学不好。"

接着,我给大家讲了自己教的上一届一个女生的故事。那个女孩平时各科学习成绩都很差,几乎都不及格,总成绩基本就在后十名。但是不知道为什么,她就是很喜欢我,而她的语文成绩竟然经常在优秀线上下浮动。平时在书店里,在超市里,她只要见到我,都会热情地上前与我打招呼,我也很喜欢这个女孩。她送给我的自制贺卡,我一直保留着。尽管贺卡很简单,但是情感很真挚。

"所以,同学们要想办法喜欢上我们班的每一个老师,把自己的每门功课都学好。大家要学会跟老师培养感情,主动沟通,主动交流。当然,你喜欢老师,还要让老师感觉到你喜欢他,这样他也会很喜欢你。"

这时,我联想到节日祝福,便说道:"例如,大家也可以在一些节日里,对老师表达一下自己的情感。像本学期,马上就有中秋节、教师节,以后还有圣诞节、元旦节等。一张简单的卡片、一个自制的手工礼物,上面写上几句温馨祝福的话语,一定会让老师们很感动。不用花什么钱,甚至可以不花钱,拿一张漂亮的纸,给老师写几句话。不管哪个老师收到了,心里都会乐开了花。因为老师收到的不是一份简单的礼物,而是一份自己学生的充满爱的祝愿。这样的老师一定会更加用心地教好大家。所以,大家一定要学会跟老师培养感情。感情垫底,学习才会顺畅。"

说完了如何与老师相处,接下来就要谈谈如何与同学相处了。这也是一门重要的人际关系学问。

"在班上,每个同学都要与其他人团结友爱,和睦相处。平时,发生了一些小的事情,自己学会处理,学会化解。当然,牙齿还有咬到舌头的时候。同学之间发生一些小矛盾、小摩擦,在所难免。如果实在有什么解决不了的问题,再找老师。但是,凡是来找老师解决的,就是大事情。老师不希望你们之间有任何人会跟同学发生大事情。不要麻烦老师,也不要麻烦家长。所以,你们要学会做一个聪明的人。任何时候都要学会正确地处理发生在自己身上的一些事情,不要让老师和家长操心。老师希望,你们整个学期都过得顺顺利利的,行不行?"

"行。"全班齐答,但是声音不大。

"声音还不够响亮,到底行不行?"我又问。

"行!"这次,全班声音有力量多了。我相信,大多数孩子都是挺好的,不会让老师操心。只是有个别学生,需要老师借此来敲敲警钟,让其明白,凡事都得先自己学会处理。

"会与班上的同学相处,还要会与班外的同学交往。"我接着说,"本学期,我们年级有转来的调皮学生,有的同学以前也认识。平时,班干部要检查学校安排的各项工作,可以与外班同学交往,这个在所难免。各个班级的班干部们为学校的管理而交往,做的都是好事。但是,有的同学有事无事都去找外班的人玩,或者被外班的人找去玩,就会在不知不觉间产生一些事端。自己一旦处理不好,就会让老师与家长操心,甚至影响到自己学习。《弟子规》告诉我们:"能亲仁,无限好;德日进,过日少。不亲仁,无限害;小人进,百事坏。"所以,同学们平时要多交益友,不能交损友。学会跟班上的同学友好相处,你会生活得很愉快。"

强调这一点,主要也是警示个别调皮学生,让学生们知道应该学会交好朋友。亲近好朋友,他们的成长才会更快。

我是一个比较"懒"的老师,喜欢做思想预防的工作,不喜欢等麻烦来了,再去费力地处理。思想决定行动。开学初,让学生们明白如何与老师相处,是为了学生们今后的学习更加顺利;而让学生们明白如何与同学相处,是为了让学生们今后的生活更加和谐。学生会学习、会生活,不让班主任操心,我才过得轻松。有时候,孩子们犯事,是因为他们不知道自己该怎么做。老师事先告诉他们应该怎么做,他们就会走得比较顺利,就会少走很多弯路。

行动管理：铺好班级前进大道

该讲的都讲完后，开始排座位。

全班依然是五个小组，每组六人，面对面，圆桌式坐法。各组名单我早已排好，主要是根据期末学习成绩、平时表现与性格互补等方面来排的。组间同质，组内异质。每个小组内，两个A层同学是对子，坐中间。两个B层同学是对子，两个C层同学是对子。B层与C层同学坐两边。

我说："有的同学无论坐在哪里都可以，老师都很放心；但有的同学，老师总觉得他们坐在哪里都不太合适，很难安排。所以，同学们平时要学会跟任何人都能和睦相处。"这又是一次思想教育的契机。

接着，我按新排列的小组顺序点好各组组员姓名。学生们倾听完毕，再各自行动，挪好自己的桌椅，坐在自己新的小组里。

我们的班级叫"七彩阳光"班，每个小组便按颜色来取名，例如，有的小组叫红组，有的小组叫橙组，有的小组叫蓝组，等等。每种颜色都寄寓着一种精神。老师排好座位后，大组长再上台抽取组名，然后各组组内商量，写好本组每个人的职务，人人都是组长。我班最常用的是行政组长、语文组长、数学组长、英语组长、物理组长、综合组长(收其他学科作业)。大组长写好每个人的职务后，上交给老师过目。

新学期伊始，不管对学生是否熟悉，老师手中都会有学生的基本成绩。对于新生，通常我会根据学生的个子高矮和以往成绩，来给学生分小组、排座位。不管是过去的"秧田式"坐法，还是现在的"圆桌式"坐法，都是如此。等过段时间，对所有学生都很熟悉了，再根据学生的性格特点略作调整。座位排好后，每个学生在班上就有了属于自己的一个位置，心就定下来了。对于新生而言，现在才算是正式开始了自己的学校生活。

各组稳定后，开始竞选班干部。

一个班级要实现自主化管理，自然离不开一些优秀的班干部。班干部一定要选择德才兼备的学生，选对人，才能做对事。

开学后不久，我们主要开展了竞选班长的活动。

班长既要会管事，也要学习好，这样才有说服力。于是，本次班长候选人在期末考试前十名中产生。我念到名字后，十位同学依次走上讲台。

然后，他们依次发表自己的演说。有积极参选的，也有因不自信而弃权的。

十人发言完毕,全班举手表决。最后,吴雪同学脱颖而出,赢得全班最高票数。

谁有能力,谁当选。班长能干,班主任会省心很多。

接下来,我把时间交给吴雪。班长征求每个同学的意见,确定其他班干部的人选。定下来后,再拿到办公室给我过目。

不一会儿,吴雪就弄好了,进办公室交给我看。我给任课老师也看了看,又略微调整了个别班干部。

最后,吴雪再到班上正式宣布新学期的班干部名单。并誊写到《班规》册上。

中午,每个班干部先根据平时同学们学习与生活的实际情况,制订好自己的"施政纲领"。

下午的班会课上,班干部们逐个上台,先宣布自己的"施政纲领",然后根据全班同学的意见再加以改进。

讨论完毕,每个班干部把自己的"施政纲领"都誊写在《班规》册子上,交由班长保管。这样,每个班干部都明确了自己的职责,开始带领班级走上自主化管理的道路。

在班级管理上,制订出一套好的班规非常重要。如果班上的事情,只有老师或班干部说了算,就会太随意,就会很难令众人信服。但如果班上有了一套公正公平的班规,无论谁犯了错误,在班规面前都一视同仁,那么班级管理就会很轻松,众人都会信服。

就这样,开学第一天,我们用了三节课的时间,全班一起来做好这些班级管理的基础工作。"好的开头是成功的一半。"把班级的开学布局工作做好,基本能奠定一个学期的发展大局。这是为一个学期的发展打基础的事情,十分重要。

排好座位,让学生思想稳定;选好班干部,让班级有了引领者;制订好班规,让学生们日常的行为有规有矩。在自愿、民主的基础上,让所有的学生都参与班级管理,发挥出学生的主人翁作用,才能实现班级的自主化管理,才能让班主任的工作轻松起来。所以在开学之初,应该尽快完成这三件大事。只有把班级前进的大道修好了,接下来的学习之旅才会走得顺畅。

文化，班级的灵魂

文化，是班级的灵魂。

俗话说：思想决定行动。在长期的班主任工作中，我们会发现，做任何事情之前，先做做学生的思想工作，之后再行动，思想上才统一，行动上才配合，效果也才会更好。

班级文化对班级管理至关重要。一个学生，思想好了，很多好事自然会来；思想坏了，很多坏事层出不穷。学生的思想，要用优秀的班级文化去引领。

针对班级学生的实际情况，以及平时学生的种种表现，我班进行了许多方面的班级文化建设。因为班级文化建设联系了学生的实际，所以学生们体会深刻，思想上有收获、有提升。

关于我们的班级文化建设实践，可概括为四个数字："1163"，即一个定位、一个目标、六大理念、三点做法。

班级定位：做成长最快的班级

没有最好，只有更好，班级建设也是如此。我经常向同学们强调，我们班一定要做成长最快的班级。现代社会，谁成长得快，谁才能走在前面。

为此，我提出了一个目标、六大理念。

班级目标：创最好的班级，做最好的自己

这是激励学生们自己跟自己比，让自己时时刻刻都要保持进步的姿态。而"最好"也是对学生们的一种暗示，让他们对自己充满信心，不断告诉自己，自己是最好的。

"做最好的自己"，告诉我们要经常和自己进行纵向比较，每天都要有进步。

事实上,我班许多学生都在这样要求自己。

在班级目标的指引下,同学们都从不同的方面,根据自身的优势,力争做最好的自己。2012年,由于全班同学积极参加写作等活动,我班被评为"全国青少年冰心文学摇篮班"。

在区里的书法协会活动中,美术老师从全校学生中挑选了我班的两位同学,送到区里参赛。全区只有40多位学生被选入书法协会,而我班的这两位同学,一位被选为区书法协会理事,另一位被选为区书法协会会员。

在学校举行的"校园之声"合唱比赛中,学生们自己筹备、自己排练,没想到竟然取得了第一名的好成绩。音乐老师说,我班的学习状态每次都很好,班干部也很负责任,学生们唱歌也唱得好听。后来,孩子们又代表学校去参加区里的"校园之声"合唱比赛,也取得了理想的成绩。

在一个共同的班级目标的引领与激励下,全班同学基本都能以良好的态度来学习和生活。这正如一艘在大海中航行的轮船,如果没有目标,就只能随波逐流;但如果目标明确,就能集中精力准确到达目的地。

再说说平时经常渗透的六大理念

1.团队理念:团结产生力量,凝聚诞生希望

古代兵法家孙武告诉我们:"上下同欲者胜。"

团结,对一个班级很重要。一个团结的队伍,才叫团队;一个不团结的队伍,只能叫乌合之众。所以,几乎所有的班级,甚至企业,在做文化的时候,都会强调内部要团结。

在班级发展的路上,我们会看到,许多优秀的班级都是很团结的,而许多较差的班则如一盘散沙,没有凝聚力。

古人也说得好:天时不如地利,地利不如人和。人心所向,内部团结,是事业成功的基础。人与人之间,不应该像海滩沙石那样相互撞击,而应该像群星一样彼此照耀。

一个班级就像一个大家庭,家和万事兴,团结就是力量。只有全班团结了,一切事情才能兴办起来。所以,让学生们明白团结的重要性,是首要的。

2.用人理念：有德方能服众，有才方能成事

这是我在长期的班级管理中悟出的用人之道，也是我专为班级设计的一条宣传标语。有一位企业家曾在《赢在中国》讲过这样的话："有德有才，破格重用；有德无才，培养使用；有才无德，限制录用；无德无才，坚决不用。"企业的用人之道如此，班级的用人之道也是如此。

从这里看得出德与才两方面的重要性，而且德一定要放在首位。鲁哀公曾经问孔子："我怎样做才能让人民信服？"孔子回答说："把正直的人放在不正直的人之上，人民就信服；把不正直的人放在正直的人之上，人民就不会信服。"

但事实上，有的班主任在任用班干部的时候，往往忽视了这一点。有的孩子很顽劣，在班上又有一定的负面影响力。于是，班主任为了利用其影响力，给这样的孩子一定的职务，让他做班干部。但这样的孩子，自己都管不住，怎么管得好别人呢？

孔子说得好："其身正，不令而从；其身不正，虽令不从。"一个德行不够的孩子，他在管理别人的时候，别人是很难服从的。

当然，品德好能服众，有智慧方能做好事情。

所以，德才兼备，才是用人的标准。

3.生活理念：抱怨别人是失败的开始，反思自己是成功的开始

生活中，我们班主任经常会发现，不少学生跟同学发生矛盾了，总是先埋怨别人的过错，而不懂得反思自己。于是，我在发现学生之间有矛盾、有纠纷的时候，常跟他们说曾子的一句话："吾日三省吾身。"这句话刚上初一就会学习到，学生们都知道是什么意思。

现在的学生大多很喜欢抱怨别人，不知道反省自身。我曾在新华书店里一本书的封面上看到类似的一句话："优秀的人从不抱怨，不抱怨的人最好命。"说得非常好，也建议学生记住这句话，以常常提醒自己。

平时，我们谈得最多的一句话就是"抱怨别人是失败的开始，反思自己是成功的开始"，并把这句话作为班级的生活理念。同学之间发生矛盾了，往往是一个巴掌拍不响。有问题了，不要只找别人的错误，也要找找自己的错误，以后才能进步。

4.学习理念:找方法才能成功,找借口只有失败

为什么每个学生的学习成绩差别这么大呢?关键在于学习态度。于是,我常跟全班同学说,态度决定一切。学习成绩如何,在于一个学生是善于找方法,还是善于找借口。

每次长假过后,上课检查作业时,我就会提到这句话:找方法才能成功,找借口只会失败。你看,无论什么作业,总有学生做得很优秀,也总有学生偷点懒。作业质量良莠不齐,也导致了他们的学业成绩有好有差。这就是每个人的学习态度不同造成的。

5.运动理念:每天锻炼一小时,健康生活一辈子

有健康,才有未来。健康的重要性不言而喻。学校里也非常重视孩子们的体育锻炼,除了体育课,每一天也都安排有固定的锻炼时间。

在上午和下午的第一节课后,每个班的学生都要做眼保健操。学生们经常用眼,必须要保护好自己的视力。我经常在班上强调,没近视的同学要保护好自己的视力,已经近视的同学不能再让度数加深了。生活中也有不少人虽然读了很多书,但眼睛并没近视,非常值得大家学习。

在上午和下午的第二节课后,全校学生都要下楼到操场上参加集体锻炼。在大课间里,学生们或者跑步,或者跳绳,或者做操,由学校统一安排。在操场上活动活动筋骨,人的精神会好很多。体育运动,是大脑最好的休息方法。

除此之外,我还经常强调,上学或者放学路上,同学们无论是走回家,还是骑车回家,也都是在进行锻炼。每个同学一定要保证好自己每天锻炼一小时,从而健康生活一辈子。

6.环保理念:垃圾不落地,班级更美丽

班级卫生代表着一个班级的外在形象,非常重要。如果一个班级每天都干干净净的,我们就会感觉这个班级非常优秀;如果一个班级每天都凌乱不堪,我们就会感觉这个班级自我管理能力较弱。

除了值日生每天打扫卫生,劳动委员们经常监督检查外,我们也提出了具体的清洁环境的口号:垃圾不落地,班级更美丽。为了让班级教室更干净,我们也想过很多办法,从刚开始的自备垃圾袋,到现在的班级设立公共垃圾桶,学生们基本养成了良好的讲卫生的习惯。

再来说说三点做法

1. 张贴漂亮壁画，宣传班级文化

俗话说：近山识鸟音，近水知鱼性。良好的环境对人的影响有着积极的作用。所以，我们在教室走廊的墙壁上，教室内部的小黑板上方，以及每一面空白的墙壁上，都用心张贴了属于自己班级特色的文化内容。学生们每天置身其中，常常受到熏陶感染。

2. 开设国学课程，渗透优秀文化

七年级上学期，我们学习了国学启蒙经典《弟子规》；下学期，我们学习了著名的家训《朱子治家格言》。时间安排上，我们是每周一次，利用星期一早上的晨会及班会时间，让学生们熟读，甚至背诵，要求学生平时身体力行。

国学经典集中了我国古代先贤留下的许多为人处世的智慧，让我们一生受益。例如，《弟子规》里有一句话叫："列典籍，有定处；读看毕，还原处。"小月是我班的图书管理员，她说："这句话给我的感触很深。因为我们班有图书角，同学们每次看完书后，总有人不放好，需要我整理。学习了这句话后，同学们的表现比以前有了很大的进步，都能把归还的书放好了。"可见，学习国学经典里的智慧，有效地促进了孩子们养成良好的读书习惯。

3. 建立班级媒体，弘扬优秀文化

一个班级就像一个小社会，应该有一两个媒体来承担起舆论引导的作用，同时弘扬班级优秀文化，促进班级健康良好地运行与发展。我们班有两大媒体：一是由全班同学轮流，每天都写的《班级成长日记》，里面语言风趣幽默，叙事轻松，气氛和谐，生活化、时代感鲜明。二是由班级的启梦文学社主办的班级周刊《晨曦》。班刊更显正规，内容都经过严格挑选。主流媒体弘扬正能量，激励全班同学积极向上。

文化的力量在于重复，重复，再重复

一个定位、一个目标、六大理念，在班级管理中贯穿始终。三点做法，在平时坚持进行，不断改进提升。这样，全班学生时时置身优秀的文化氛围中，在每天的

学习生活中不断受到熏陶感染。通过宣传标语上墙,通过平时课堂内外的讲述渗透,通过视频资料的播放,通过班级媒体的舆论引导等方式,有效促进了学生形成正确的人生观、价值观。

"随风潜入夜,润物细无声。"杜甫的这两句诗,正是教育最美妙的境界。其实,在班级管理中,文化主要起着引领行动的作用。文化看似无形,却胜似有形,对人起着潜移默化的影响。在优秀班级文化的熏陶中,孩子们的表现会越来越好。

制度，管理的保障

与文化建设密切配合的就是制度建设了。

在一个班级里，学生永远是班级管理的主人。班主任的引导，班干部的管理，学生们的互动，都是必然存在的。那么，如何让每个人都能自觉严格要求自己呢？我认为，在管理一个班级时，班主任必须要做到两点，一是讲道理，二是定规矩。讲道理，就是进行文化建设；定规矩，就是进行制度建设。

文化建设，是让学生明白什么才是对的；制度建设，是让学生把事情做对。文化建设是软性的，制度建设是硬性的。文化无形，制度有形。二者相互补充，相互结合，方能达到最好的管理效果。其实，学生成长是需要引导的。很多东西，你教了，他就会；你不教，他就真的不会。他的心灵需要我们用文化来浸润，他的行动需要我们用制度来约束。

在班级管理中，建立一套公正公平的班规，非常重要。这套班规就是约束全班行为的规章制度。班规相当于班级"法律"，是全班学生一切行动的指南。

平时，学生如果犯了错误，没有明确的惩罚标准，就会随意处理，这是管理的大忌。全班学生稀里糊涂，遇见任何事情，没有一个良好的评判标准，全由班主任说了算，想怎么办就怎么办，一则会让班主任很辛苦，二则容易让学生产生依赖心理，甚至让学生觉得不公正公平。

但是，如果按照全班通过的班级规章制度来处理事情，谁犯错谁遭罚，被罚的人就无话可说了，而且事情也能处理得公平合理。

我认为，班级制度建设关键要做好四个方面。

1. 职责明确

"火车跑得快，全靠车头带。"一个班级只有评选出合适的、优秀的班干部，才能更好地实现自由管理。班级管理切忌由班主任说了算。否则，班主任会很辛苦。

我们班的班干部都是以自愿加民主的方式选拔出来的。

每学期开学第一天，我们只选班长，其他的职位在班长那儿报名。新班级由我主持，老班级由上一届班长主持。

每次选举时，通常最先举手、最积极、最热情的学生基本上都是班上综合素质较强的孩子，基本能胜任班长一职。

在自愿的基础上，参加竞选的学生先进行一番竞职演说，然后再由全班同学举手民主表决，最后根据结果选出正副班长。

班长选出来后，我会给出半小时，让学生们自由报名，选择自己喜欢的职位。等一切工作做好后，班长会把结果拿给我看。我们再一起到班上郑重宣布新一届班委会的成员。

这样选出来的班干部自觉、自愿，能主动地去做好自己的分内工作。

接下来，班干部们就要做到"在其位，谋其政"。

在自愿、民主的基础上，选出各位班干部后，我会让每个班干部先制订好自己工作范围内的规章制度，然后在班上一边宣布，一边根据全班同学的意见加以改进。

最后，几位主要班干部，即正副班长、学习委员、劳动委员、体育委员、文艺委员、生活委员等，把自己的工作职责都誊写在几页装订好的白纸上。

此小册子的首页是两个大大的汉字"班规"，交由班长保管。

这样，每个班干部都明确了各自的职责，开始各司其职，班级就慢慢走上了自主化管理的道路。

为了让班干部更好地明确自己的职责，我经常会在班会课上，让每个班干部分别上台，不断强调自己工作范围内的相关要求。

平时，遇到任何事情，我就找主管的班干部，让班干部们明白，自己所管的事情自己要负责任。培养起学生的自主管理意识，班主任才会轻松。

2.行为规范

班规主要就是约束、规范、指导学生们的行为，所以班规的规范性、合理性非常重要。好班规才会有好的执行力。

为了更好地执行班规，在班级发展过程中，班规也会经过不断的调整与完善。

例如关于上学迟到，刚开始学生们规定的是罚跑操场20圈，但后来发现罚得太重了，就调整为10圈。

可是，迟到的轻重也应该有所不同，迟到一两分钟的，跟迟到十几分钟的，获得同样的惩罚，也不恰当。于是，学生们又修改为迟到一两分钟的，罚站一节课；迟到时间较长的，罚跑10圈。

但是，还有的孩子跑步很不行，愿意选择别的惩罚。我班有一个女生，高高瘦瘦的，跑不动，迟到宁愿写检查。于是，我们对迟到十几分钟后的惩罚，又修改为罚跑10圈，或写500字思想检查。我们班学生给"写检查"起了个名字，叫"写反思"。

但其实，对于一个犯错误的孩子，精神上的惩罚才是真正的惩罚。在众目睽睽之下，自己迟到，本身就很不好意思了。老师批评，班规处罚，目的是让学生能正确面对自己的错误，并能勇于改正自己的错误。

在班级的持续发展过程中，班主任要根据平时发现的细小环节问题，及时加以改进，不断培养班干部，不断完善班规，才能让自己的班级走得更稳、更好。这就好比一辆正在路上行驶的汽车，只有随时修正前进的方向，才会让自己的行驶更加顺畅，更加省时省力。

3.执行有力

如何让班级管理的执行更有力度？关键是班主任，一要敬畏制度，二要不搞特殊管理。

之所以有的班主任带班很辛苦，就是因为班级的规矩是班主任说了算，学生们只看班主任的脸色来做事。

如果班上的事情，只有老师说了算，就会令班规名存实亡，班干部也会变得懒散起来，甚至撒手不管，普通同学也不会在乎班干部的管理了。

因此，在班级管理上，班主任不能无视班规。只有班主任带头敬畏班规，班干部才重视，普通同学才会服从。

班规制订好后，无论谁犯了错误，在班规面前都要一视同仁。只有这样，班级管理才会轻松，众人才会信服。

另外，有个别学生不愿服从管理，会特别令人头疼。这样的学生之所以敢于"无法无天"，一是从小在家里被惯坏了，二是班级管理太随意，没有规矩，没有制度，没有形成团队压力。

有句话说得好：跟讲道理的人讲道理，跟不讲道理的人讲规矩。跟学生打交道，老师说话一定要在理。毕竟，"有理走遍天下，无理寸步难行"。只有以理服人，对方才易于接受。

有一次上课时,我班的一个女生不把自己的课桌跟小组同学并好,而是想怎么坐就怎么坐。七年级下学期是学生熟悉初中生活后,最容易暴露自身问题的时候。那段时间,我发现,她在很多事情上都很任性,没有规矩,经常违反班规,任课老师和同学们都让着她。这纯粹就是在向班级管理挑衅。于是,那节课我没有容忍她,而是决定好好地管教她一番。

既然不服从管理,就只能请出教室了。当时,我让两位同学把她的桌椅搬到了办公室。这样,她只好跟着站到了办公室。我又免不了一番义正词严的教训。这回就不是跟她好言好语地说了,而是以严厉的话语来让她警醒,要求她必须遵守班级的规矩。后来在家长的帮助下,她不断反省。经过家长和老师的谆谆教导,她对自己的行为做出了深刻的反思。

从此,她的行为收敛多了,知道身为学生,要懂得遵守班规了。

因此,班主任敬畏制度,班干部才会去主动管理;班主任不允许特殊行为,班干部才会管理得有劲头。

4.相互监督

再说说我班的监督情况,主要做了两件事。

第一是写班级日记。

为促进相互监督,我们班坚持写《班级成长日记》。从每学期上学的第一天起,由我或者副班长写好前言,然后把本子发下去,全班按顺序轮流写当天发生的主要事情。周五中午我值班时,由副班长上台念本周同学们写的班级日记。这本《班级成长日记》实际上是对全班同学每天行为的一个监督,好的给予表扬,差的给予批评。全班同学相互监督,相互促进。期末,副班长再写一篇后记,对本学期全班的表现做个总结。

有一次,听到副班长念到一个同学写的一句话,我觉得挺有意思的。他说:"经过大风大雨的洗礼,我们班的同学变得越来越懂事了。"我就在心里笑了,这说明孩子们都在不断地进步。而且,从平时的班级日记里,我看得出来,同学们对班上的优秀同学很敬佩,对落后同学也很宽容,班级氛围非常融洽。

第二是评选"感动班级十大人物"。

每学年末,我班都会评选出十个最优秀的学生,并定名为"感动班级十大人物"。当然,这个命名也会与时俱进,有时叫"十大阳光少年",有时叫"十大最美学生"等。

此评选重在考查全班学生一年的平时表现,包括纪律、学习、劳动、体育、文艺等各个方面。平时每个班干部注意观察,看看哪些同学在自己的工作中表现最好。全班其他同学也相互观察。期末评选时,为提高选票的有效性、权威性,首先由班委会的各大班干部提名本人管理工作中涌现的优秀学生为候选人,这些学生应当从不同的方面为让我班成为优秀班级做出了重大贡献,然后征求全班同学意见,选出自己心目中最优秀的十位同学。

之后统计选票,结果出来后,请五个写作水平高的同学为前十名撰写颁奖词等内容。

这样选出来的学生,各个领域的都有,很具代表性。例如有的学生是学习成绩优异,有的学生是劳动积极踊跃,有的学生是擅长设计文化墙等。在学期末的最后一次班会课上,我会举行隆重的颁奖仪式,以此激励全班前进。在我亲自颁奖后,上台的每位学生都要对全班同学说几句获奖感言。每位当选的学生都非常感谢同学们的支持,并表示以后要继续努力,要更好地为同学们服务。

当然,"赏"一定要以精神奖励为主。所以我们的活动只发奖状,不发奖品,因为精神奖励更快乐、更重要。该评选一学年进行一次,比较难得。无论是家长,还是老师,或是同学,看了颁奖词都会很受感染。榜样的力量是无穷的。优秀的同学,激励着全班每一个人不断努力,继续前进。

一个班级,只有文化没有制度,就会软弱无力;只有制度没有文化,就会失去生机。

老子有一句话谈到了管理的四重境界,即:"太上,不知有之;其次,亲而誉之;其次,畏之;其次,侮之。"意思就是说,管理的最高境界,也是第一重境界,即老百姓感觉不到管理者的存在,他们会说,我们本来就做得这样好啊;管理的第二重境界,是老百姓亲近他、赞美他;第三重境界,是人们害怕他;第四重境界,是人们侮辱他,在背后说他坏话。

这第一重境界,是教育最美妙的境界,是有心而无痕的,也是我们应该努力追求的。班级管理需要智慧,大爱不言,真爱无痕!

推行赋分，激发主人翁意识

从带班第一天起，我一直使用班级赋分制度，以小组为单位，对每个学生进行精细化的管理评价。但我后来觉得稍微麻烦，又带一届新的七年级班级时，就没再使用班级赋分制度，只是照常管理，照常奖惩，不再给每个学生打分。

经过一年多的学习后，学生们对学校生活已经慢慢地由陌生、新鲜过渡到熟悉、倦怠。八年级上学期中旬，我渐渐感觉，没有具体的量化分数管理，对每个学生平时表现的评价还是不够客观全面，而且学生们自主管理的意识也没得到很好的促进。

启用赋分制度

一天下午，第一节课后，全班学生照例跟着学校广播做眼保健操，体育委员每次都很负责，都会下位巡视，监督每位同学认真做好。但是当我离开教室后，还是会有人没好好做。于是，我决定启用原来的班级赋分制度来强化学生日常管理。第二节上课时，我拿出五张"小组与个人每周评价表"（当时我班有五个小组），交代全班同学按此来做，给每个人、每个小组每天的表现打分。今后，学校每周要求评选的优秀学生、优秀小组、优秀小组长等，就按量化评分来进行评比。

重新启用赋分表，第一次我亲自指导班干部来操作，简单讲了些做法。基本就是平时在纪律、学习、劳动、体育、生活等方面，表现好的加一分，表现不好的扣一分，由各位班干部负责执行。加扣分时，要简单注明是哪些方面。每周五中午，由班长负责算好每人每组的分数，并到办公室再拿五张新表发给五个大组长，要求大组长填写好组员姓名后，张贴在教室后面的"班级公示栏"里。这样，每学期有多少周，就给每个小组打印好多少周的表格。只要班长和组长等班干部发挥好主人翁的作用，就可以实现学生自主化管理。

重视评分标准

在实行班级赋分制度的过程中,学生们是班级管理的主人。

为了让班干部更好地实现自主管理,让全班同学更清楚管理细则,我们利用一次午休值班时间,请各位班干部写好自己管理工作的评分标准,并征求全班意见后,张贴在教室后面的"班级公示栏"里。孩子们结合自己平时管理的各种现象,制订的加分、扣分标准真是太具体了,十分到位,非常实在。我立刻表扬了班干部们平时认真细致的工作态度。

评分标准出来后,我又让班干部们在班上一一公布,并指出各个班干部在此基础上,今后遇到新的问题要及时加以改进或补充,注意与时俱进。正副两位班长要注意监督各个班干部及时打好分,同学之间也要相互监督,实现班级管理公开、公正、公平。

副班长平时是负责整理、保管《班规》的。后来,我让她利用周末时间,重新整理班规,把新的评分标准打印出来。教室后墙开辟的一块园地"班级公示栏",由文艺委员负责设计。里面主要张贴"小组与个人每周评价表"和"班级评分细则"等。

我班每周按照"小组与个人每周评价表"评选出来的优秀学生、优秀小组、优秀小组长等,既会在学校每个星期一举行的升国旗仪式及晨会上进行公布,也会在我们的班级周刊《晨曦》上进行公布。几周过去了,一切都进行得很顺利。

做班级的主人

在班上推行赋分制度以来,学生的变化还真不少。除了学生作业完成的效率提高了,愿意主动管理班级的学生也脱颖而出。

前几天,贾欣同学主动向老师提出要负责管理乱喊绰号的人。一方面管住自己,不喊别人绰号;另一方面管住其他同学,一起进步。我在班上强调,同学们只能喊好听的绰号,如"校园诗人""数学天才"等,不能喊难听的绰号。现在,班级的语言环境得到净化了,几乎没人乱喊别人绰号了。

一天中午,我提出自己因事多,忘记检查班级重新制订的座右铭,希望找个同学帮忙监督。薛松同学主动举手要承担此重任。期中考试后,同学们在座右铭中写了两项内容。一是自己的学习目标,二是针对自身弱点写一条改进格言。按照大家共同规定的尺寸:长9厘米、宽4厘米,张贴在课桌右上角。本来说的是昨天中午放学时检查,结果我当时只顾讲作业问题而忘了。刚好,借此把这件事交给学生来管理。

这两位学生,一个学习优秀,一个态度踏实。他们以前都不愿参与班级管理,现在竟主动要求管事了,真是一大进步。因此,只有发挥出学生们的主人翁意识,才能实现班级里人人有事做,事事有人做。

班级成长密码

小组竞争，增强班级活力

小组是班级的基本单位。小组建设得好，班级就会有良好的发展基础。为了有效地发挥小组在班级教育管理中的积极作用，我班在小组建设方面进行了一些有益尝试与探索。平时，积极开展小组之间的各种竞赛，有助于推动小组建设的蓬勃发展。

具体做法

1. 分组合理

班级分组按照"同组异质，异组同质"的原则进行。每组基本以六人为准，一、二号为优等生，三、四号为中等生，五、六号为后进生，将学习与性格等方面综合考虑后进行分组。经过屡次变化调整，后来班级的各小组就趋于稳定，不再随意更换人员。这种综合小组，既是学习小组，也是劳动小组，又是体育小组，还是文艺小组……平时，组内座位可微调。每周一次全班大调位都是全组一起换，因为稳定才有利于小组的发展。

2. 竞赛多元

竞赛内容包括学校、班级对每位学生的各项要求。大致包括以下方面：(1)纪律方面，如班级课内外纪律等；(2)学习方面，如作业、考试、背诵等；(3)劳动方面，如教室卫生、清洁区卫生等；(4)体育方面，如眼保健操、广播体操等；(5)文艺方面，如仪容仪表、节目表演等。

3. 规则统一

开学初，由班委会开会，拟定小组之间竞赛的规则。规则大致有这样几点：一是竞赛采用积分制，各小组的基础分为100分；二是在追求公平、公正的基础上，鼓励每个学生进步；三是体现公开原则，每周小组长把本组赋分表格贴出来，由班干部每天给每人打分。周末班长汇总,评出优秀小组。

4.严格监督

小组评分竞赛体现了公开、公平、公正的原则。班干部的评分置于全班每位同学的监督之下。每位同学哪些地方加分,哪些地方扣分,本人及班干部都清清楚楚。积分每天、每周、每月均在教室公布,使每组都明白本组在全班竞赛中的位置。

注意事项

1.抓住契机,进行全班调位

座位一旦排定,原则上就不再随意调换,但是,平时确实有个别学生需要重新调整座位,以利于学生更好地学习。这时一定要慎重处理。假如有少数学生需要调整座位,但又不是很方便时,可利用学校的大型考试,如月考和期中考试等,进行全班大调位。这样,既可以给少数学生安排合适的位置,又不会让全班学生感觉到很突然。学生们的适应性很强,很快他们就会跟新的同桌、新的小组相处得很愉快了。

2.调位之前,进行思想教育

进行小组建设,抓好思想教育很重要。思想动员在前,行动落实在后,事情才能开展得很顺利。

第一,要懂得奉献。有的同学根本就不知道自己该坐在哪儿,好像坐在哪里都不太合适。还有的同学只想跟班上表现好的人在一起,这肯定也是很难实现的。有的同学坐在哪儿,都会被其他相邻同学影响;反之,有的人坐在哪儿,都会让周围同学烦恼。每位同学都应自觉维护学习秩序,营造良好的学习氛围,做到"让人们因我的存在而感到幸福"。

第二,要克服困难。以前分组时,经常有个别同学表现不好,拖小组后腿,被小组排挤;有的同学甚至所有小组都不想要,被人像皮球一样踢来踢去。发生这类事情往往会给当事人带来很大的打击和挫折。作为老师,一定要加以关注和引导,帮助学生正确面对。后来,在学习《音乐巨人贝多芬》时,学生谈到要像贝多芬一样,不能遇到困难和挫折就放弃,要敢于扼住命运的咽喉。我适时教育全班同学,要将明白的道理运用到实际生活中;让孩子们明白了今后在小组建设中,谁出现问题都不能轻言放弃,要相互帮助,克服困难,共同进步。从此,每个小组都很稳定,组员之间团结一致。

3.调位之后,抓好持续发展

稳定不是目的,发展才是硬道理。老师要重视、指导好小组的建设,不能让小组仅仅成为一个清洁卫生单位或作业收交单位。平时,要多加强小组建设,让各方面评比更客观、更科学,表扬鼓励要及时,批评修正也要及时。这样,才能让每个小组都成为优秀小组,人人上进,组组上进,班级才优秀。

古语说得好:"水不激不跃,人不激不奋。"行为科学的实验也证明,一个人在没有受到激励的情况下,他的能力仅能发挥20%~30%;如果受到正确而充分的激励,能力就可能发挥80%~90%,以至更多。因此,展开小组竞争,调动了学生的积极性,增强了班级的活力,营造了"比、学、赶、帮、超"的和谐而又热烈的班级氛围。

合情合理，调整全班座位

开学有一个多月了，学校也举行了一次月考。原本没打算给全班重新调整座位，但是由于新的课堂教学的需要，我还是决定再给全班好好排一下座位。

现在，区教育局一直在进行课改，并且力度很大，我们经常要按照区里制订的"三究四学"课堂教学模式来上课。

在语文课学习上，书里的重点课文是由我主持上课，自读课文是由班干部主持上课。我们基本按四步走：第一步，导学，主持人导入新课，全班齐读学习目标；第二步，独学，学生们自己看书独立思考；第三步，互学，小组内相互讨论自己不懂的地方；第四步，评学，全班大展示，各小组依次上台汇报本组的学习成果，其他组点评、补充、质疑、建议。

整个过程，主持人都要在黑板上的"高效课堂评价表"里给每组的表现进行打分。同样，其他学科也经常以这种方式来上课。而且，区教育局平时组织的示范课都是按照这个流程来上课的。于是，同学们就发现，虽然我班各组配备的组员综合成绩相差不多，但是，有的小组发言积极踊跃，经常得高分，而有的小组不善于发言，经常得分很低。所以，积极分子较少的小组同学就希望老师给他们重新调整一下位置。

说干就干。

为了进一步促进班级管理，让各项工作开展得更顺利，执行得更好，我在人员安排上，做了个小调查。我让每位学生拿出一张空白的纸，回答一个问题：如果重新调位置，你愿意跟谁坐？至少写三个人。

星期四上午，我根据学生们的意愿，参考本次月考成绩，以及每个学生在班上的不同性格、不同表现，经过反复斟酌，权衡利弊后，排出了新的六个小组，并定出了六个大组长人选。

当时，我们班一直是分六个小组，每组最多六人，采用的是"圆桌式"坐法，两两相对而坐。因为不能恰好每个小组都能平均坐六人,所以后来就分出来了两个四人小组,学生们基本上都喜欢分到六人小组里。在本次重新调整位置时,我让班长和学习委员各带领一个四人小组,让学生们感受到这两个小组也是很棒的。

上晚自习时,我一走进教室就宣布先调位置再上课,学生们很兴奋,很开心。因为班上只有三十几个孩子,人数不是很多,我先让全班学生都站在教室后面,然后从第一组开始排位置,点到谁的名字,谁就坐到新的位置上。每个人都坐好后,再把自己的桌椅挪到新的位置上。不一会儿,全班的位置就排好了。接着,大组长与组员讨论,确立每个人的职责,人人都是组长。大组长负责本组纪律等,其余人员分别为卫生组长、语文组长、数学组长、英语组长、综合科组长。一切都安排就绪后,我开始讲话。

根据多年的课堂管理经验,我知道,排完位置后不能马上就上课,有的学生心态还没安定下来,会给课堂秩序带来干扰。给全班排位置,这件事也是一个很好的教育契机。班主任应该把握好时机,让学生的心理进一步成长起来。于是,我讲了本次排位置的原则,以及今后对同学们的要求。

首先,排位置是以有利于学习为原则的。有的好朋友经常在一起玩,老师也知道,但是为了不影响课堂学习,在排位置时就被分开了。另外,有的同学想跟学习好的同学坐在一起,或者想跟脾气好的同学坐在一起,这个要求也不可能全部满足。我们的每个小组在学习上、活动上等各方面的配备都是比较均衡的,老师要考虑到全班的整体发展,共同进步,不可能只照顾某一个人。

其次,同学们要学会跟周围的每一个人和谐相处。我们有的同学随便坐在哪儿都行,老师都很放心,同学也欢迎。但是,有的同学好像坐在哪儿都不合适,都跟旁边的人合不来,老师也不太放心。我们应该努力做前者,严格要求自己,做团体中受欢迎的人。

给大家讲一个故事:

从前,有一个老人,住在一个小镇上。

有一天,一个年轻人来到这里,遇见了老人,问他:"老先生,请问住在这个小镇上的人怎么样?我想搬过来住。"老人问:"你原来住的那个地方,人怎么样?"年轻人说:"不怎么样,他们斤斤计较,爱批评人,爱说闲话,我并不喜欢他们,所以要搬出来住。"老人说:"其实这里的人也跟你原来住的那个地方的人差不多,也不怎么好。你还是另寻他处吧。"于是,这个人就继续往前寻找。

又有一天,另一位年轻人来到这里,也遇见了老人,问他:"老先生,我想搬过来住,请问这里的人怎么样啊?"老人同样问道:"你原来住的那个地方,人怎么样?"这位年轻人说:"那里的人都很好,他们非常友善,互帮互助,礼貌往来,我跟他们相处得很愉快,真舍不得离开他们。"老人很高兴地说:"这里的人和你原来住的那个地方的人一样友好,你可以住下来。"于是,年轻人就在这里住了下来。

这个故事告诉我们这样一个道理:快乐、大度、与人为善的人才能与他人融洽相处。在这里,老师送给大家一句话:反省自己是成功的开始,抱怨别人是失败的开始。所以,我们每个人要经常反省自己。希望每个同学都能与周围的人和谐相处。初中三年,是同学们不断学习、增长智慧的三年。同学们的身体在快速成长,思想也要快速成长。老师希望每个同学都能表现得越来越好。

在平时的学习生活中,小组的团结是很重要的。每个小组在建设与发展的过程中,都会遇到困难和问题,今后任何人都不得抱怨这抱怨那。无论遇到任何问题,小组内所有同学都要精诚团结,克服困难,取得胜利,争当优秀小组。

至此,全班座位调整工作才算结束。老师把该说的话说在前头,该注意的事情都讲清楚,学生们就明白了老师的心思,就愿意配合老师的工作,并照着老师希望的方向去发展了。接下来开始的学习,全班同学都很专注,都很平静。本次全班座位大调整,原则上是成绩互补、性格互补,各个小组之间总体保持平衡。课后,任课老师反映,重新调整座位后的效果挺好。因为充分征求了学生们的意见,每个孩子对自己的新座位也都表示满意,课堂秩序好,上课效率高。

午休的无声管理

今天是星期五,中午轮到我值班。午休时间到了,我走进教室。按照惯例,班长上台为大家念本周的班级日记,全班一起了解本周班上又发生了哪些事情。听完班级日记,就开始正式午休了。

每天我们班都安排了一个纪律委员来管理午休的纪律。今天的纪律委员是钟原同学。他是一个沉稳内敛、学习成绩优异的男孩。我问了其他四天中午值班的情况,学生们说,基本都有老师在场,纪律很好。

于是,我对钟原说:"你跟着我,就辛苦了。我最喜欢锻炼班干部独立工作的能力了。"

钟原欣然笑笑,带着作业走上了讲台。

"你就在讲台上一边照看纪律,一边写作业吧。"我说。钟原面带微笑地看着我,点点头。

"还是老规矩,在下面说小话,名字被记到三次的,罚写300字反思。"我对全班说道,"中午可以看书,可以写作业,也可以睡觉,但一定要保持安静。"

"钟原,你一定要记好名字噢。"我提醒道,他点点头。

于是,我走出教室,回到办公室。

记得去年在上七年级自习课时,我们的班干部慢慢摸索到一种好的管理方法,即无声管理。原来,在上自习课的时候,如果有人小声说话,班干部会大声批评。这样,反而导致班级不安静了,对说话的同学倒没产生啥影响,班干部的声音却被全班听到了。

后来,纪律委员洪章同学采用了无声管理,他只观察,不说话。如果发现谁在下面说话了,他就把名字记在黑板上,全班同学都能看到。等该同学表现好了,名字才会被擦掉。一开始这样做,效果就挺好,自习课无论多长时间,教室里都比较安静了。

再后来,因为只有监督,没有惩罚,有些同学被记名字了,也还在说话。于是,时任班长的钟原又加以改进,凡是被记上名字的,罚写500字的反思。这样一来,自习课纪律的效果又好多了。

但是,因为名字只要被记上,就要写反思,所以,有的同学被记上名字后,就一直说下去,又不好管了。其实,每个人也都不想犯错,我们应该给予改错的机会。于是,大家又规定,被记上名字三次后,须写反思。

我们班的教室与办公室相邻。现在,学生们上自习课时,我在办公室里一整节课都听不到教室里的动静,效果还是挺好的。学生们也培养出了良好的自主管理能力。

午休中途,我去教室窗外看了一眼,纪律很好,挺安静的。黑板上只记了一个人的名字,目前该同学有一次说话记录。离午休结束只剩十五分钟时,我又去教室窗外看了一眼,发现教室虽然还是安静,但黑板上又记了几个同学的名字,其中舒恺已有三次说话记录。其实,刚午休时,我就觉得他有点儿兴奋,估计有点儿管不住自己。

"没有规矩,不成方圆。"制订的规矩,只有执行,才有威力。于是,我让舒恺到办公室来写反思。在座位上磨蹭了一会儿后,他出来了,在办公室找了个位置开始写起反思来。

不一会儿,在隔壁班值班的余老师回到办公室,好像是拿东西。他很惊奇地说:"你们班好安静!我过来有点事,突然发现了世外桃源。"余老师说话很风趣。

"怎么样,我们班学生自觉吧?"我笑着说说,掩饰不住自己对本班学生的赞赏。

办公室外传来了一些吵闹声,余老师又回教室去了。

等舒恺写完反思,我针对他的情况,进行了批评教育,并提出了希望。他是个聪明活泼的孩子,语言风趣。他说自己是第一个成功"中奖"又"兑奖"的人,以后再也不这样了。

有时想想,这些孩子真是有意思。钟原同学,并不厉害,甚至有些弱势。但只要能认真地执行大家定的规矩,全班同学就会表现得很好。一个管理者是否强大,关键是他背后的制度是否合理,执行的力度是否到位。只要把背后的功夫做好,相信每一个孩子都会很棒。

及时改进,做好持续管理

世上的事情并非都是一成不变的。随着时间的推移,我们要根据班上的实际情况对班级的管理办法进行调整完善,以促进班级的持续稳健发展。

关于学生管理的略微调整

班上有些学生比较沉默文静,有些学生比较活泼好动。碰巧两个性格互补的学生坐到了一起,他们彼此也很愿意。但时间长了,老师们都熟悉了,感觉个别学生需要调整一下。我会征求学生本人的意愿并结合老师的期望,给需要调位置的双方做好思想工作,然后他们自己调换好位置。临时调整位置,往往比全班大调位置更麻烦。因为全班学生都看着,弄不好其他学生也会要求调位置。所以,平时发现问题,只能略微地调整一下个别人的位置。如果想大调位置,就只能借助某次大型考试之后再进行。大调位置,老师安排坐哪儿,学生就坐哪儿,基本都没什么意见,比较好操作。

在班级管理中,我发现,有的学生想当班干部,但又能力不足。老师既不能打击学生的积极性,又要加强班干部的力量。这样,只能在班干部分工之间略作调整。例如,本学期我们班新选的劳动委员小张同学,很老实,老师让他怎样做,他就怎样做。但在老师说之前,他就是不知道该怎样做。每天我来到学校上第一节课时,教室总是没有及时打扫干净,很令人烦恼。后来,我让他跟生活委员小王同学调换了一下职务,先在生活委员的位置上锻炼一下。这是个工作比较简单的职位,只需要监督同学们午餐、晚餐按时吃即可。而重要的劳动委员一职由小王同学担任后,就做得很好了。小王是个聪明灵活的孩子,工作中总能以身作则,把班级卫生打扫干净,并把劳动工具摆放整齐。自从小王上任后,班级的卫生我就很少操心了。每天进教室上课时,教室都被打扫得干干净净,让人感觉很舒服。

我们的班干部,有的同学是其他班干部推荐,本人也愿意当的,我也给予支持。有一次上完语文课,我刚走出教室,体育委员孟伟跑过来,对我说:"老师,我想让卓子当体育委员,好吗?"我一听,原来想要更换体育委员了。孟伟一直都当得挺称职,但如果他心中有了合适的人选,让其他同学也锻炼一下,未尝不是好事。于是我说:"你问问他,他同意吗?"孟伟说:"我问了,他同意。"我自然就没意见了。孟伟很高兴地跑进教室,估计是去告诉卓子这个好消息了。因为是自愿要当的,卓子在体育委员这个位置上做得也挺好。每天学校组织的眼保健操、课间操,他都会监督全班同学认真做好。

关于家庭作业的管理办法

进入期末,学生的思想也要抓紧一下了。

三天的元旦假期后,学生们今天到校上课。早自习全部用来检查、统计假期作业的完成情况。

除了极个别人,应该说全班作业上交情况都不错。但有一张复习试卷,不少学生没完成。此试卷放假前几天早已发到学生手中,借助元旦假期,还未完成,只能说明此时学生的思想意识有所放松了。

当然,平时我很少过问家庭作业,是时候该抓抓,让学生警醒一下了。于是,借本次作业问题,我利用午休值班时间,引导全班认真反思自己目前的状态,并及时调整好。

除了作业完成情况最好的五个学生以外,我要求其余的每人写一份1000字的《关于家庭作业的反省》,要他们以本次假期作业为例,追溯到平时。反思前半部分写事情经过,后半部分写自己今后的态度。

午休结束后,全班基本都写完了。收上来,我认真看了看,每个人都认识到了自己的问题,端正了对待家庭作业的态度。

小丽反省:"这次的元旦作业,为我们每位同学敲响了警钟。新年都已经来到,我们又长大了一岁,学习态度也不能再这样浮躁了。经历了这次严厉的教训,我明白了:学习要讲究自觉,是给自己学的,不是给别人学的。今后,我会端正自己的学习态度,不再像这次一样。相信改进后的我一定会更加优秀,让我们一起努力吧!"

小杰写道:"以后我要认认真真地做好每一次的家庭作业,不像以前那样随随便便写几笔就算了。经过这次反思,我一定会好好学习,任何作业都不应付敷衍,不欺骗自己和家长。"

　　小勇反省:"以后,我会按时完成老师布置的任何作业。我们都知道老师这样做是为我们好,为我们能在期末考试中考得更好。对于这次暴露的作业问题,我深感内疚,希望老师能够原谅我。经过这次的教诲,我一定会有所进步。在期末,我一定会好好复习,考出好成绩。"

　　小康写道:"在午自习期间,我们便开始奋笔写这1000字的反省。经过这一次教训,我想许多人都不会忘记。相信在今后的时间里,同学们在家里都可以好好完成老师布置的家庭作业了。"

　　看着学生们写的这一份份反省,我想,平淡的学习生活里也需要做一两件重要的事情来引起学生们的重视。近日来,班上既有举办元旦晚会的轻松快乐,也有罚写反省的沉重警醒。这样,我们可以振奋精神,更好地投入学习生活中去。学习就是这样,时而风平浪静,时而波澜起伏。

国学，让学生更智慧

中国传统文化博大精深，源远流长。我国古代圣贤用他们的智慧为后世留下了许多经典著作，让一代又一代的华夏儿女深深受益。青少年时期，正是一个孩子渴望了解世界，渴望学到知识，渴望心灵成长的黄金时期。虽然初中生已不是小孩子，但他们的可塑性依然很强。

为了让孩子们学到终生有益的国学经典智慧，在过去的一年里，我开始带领全班学生学习中国的传统文化，首先以学习《弟子规》为重点，让国学经典走进我们的课堂，让孩子们从国学中领悟为人处世的大智慧。

在引领学生们学习中华优秀传统文化的过程中，我主要做到了六点：讲、读、背、谈、观、行。

讲：平时渗透

我利用班会课或语文课，讲学习传统文化的重要性，介绍《弟子规》《朱子家训》等国学经典。在家长会上，我也介绍这些知识，让家长和孩子一起学习进步，促进家校合作。

首先，我给大家讲了学习国学经典的重要性和必要性。全球经典教育发起人王财贵教授曾谈到，他的儿子在三年级时背诵《老子》，之后像变了个人似的，一下子学习开窍了，人也变聪明了。也因此，他把此法推广开来，让更多的家长和孩子从中受益。心灵只有不断得到国学滋养，才会成长为一片绿洲，生命才会充实快乐。

国学经典就是在告诉人们许多为人处世的道理与做法，让人们向圣贤看齐。国学集中了古人一生的智慧与阅历，凝集了中华优秀传统文化。学习国学，会让我们的心灵豁然开朗，会让我们知道做人做事的正确方法，会让我们一生受益。

明白了学习国学经典的重要性后，我们才开始学习《弟子规》等文章。在学习的过程中，我一边给孩子们介绍这些经典的主要内容，一边做些解释。时时学习，时时渗透。

读：晨会领读

每天早上的晨会时间，由班长或语文科代表领读《弟子规》。书读百遍，其义自见。因此，学习国学的有效方法是常读常背，先把经典文章记诵下来，装在心中，然后再用一生的时间去慢慢领悟和消化。经常读很重要，读着读着，许多自己喜欢的句子自然就记住了。每次朗读《弟子规》时，班上的学生都读得很带劲儿，声音洪亮、吐字清晰。读着读着，学生们又认识了许多汉字，明白了许多道理，同时也提升了自身的文学素养。

背：每周十句

每天背两句，一周背十句。《弟子规》共九十句，九周便可背完。只需两个多月，半个学期。为了更好地学习《弟子规》，更好地促进背诵，我在班上贴出了《弟子规》记诵榜。每天每个学生与同桌互相检查，会背十句后，语文组长在上面用红笔给其画一个小红旗，以此鼓励全班学生平时背诵积累。

谈：班会分享

每周的班会课上，我们以组为单位上台展示，人人参与，分享自己学习《弟子规》的收获，即谈谈自己在学习的过程中对哪句话感受最深，对自己的生活或学习有何指导意义。上课时，每人把自己的学习收获写在一张空白的纸上，准备上台与全班同学交流。写完后，全班以小组为单位上台汇报交流，相互学习，相互促进。每一次，学生都会在学习《弟子规》中有所收获，交流汇报也非常精彩。

例如，同学们谈得最多的一句话是："父母呼，应勿缓；父母命，行勿懒。"

小美说："学习《弟子规》后，在家里，我特别听父母的话，父母叫我，我会立刻答应，父母让我做什么事，我会立刻去做。有一次，妈妈让我盛一碗饭，要是从前，我肯定不想动，但现在不一样了，我脑子里一想到这句话，就马上去行动了。"

小龙说："记得上个星期六，父母都还在上班，我在家玩着电脑。后来我听到他们回家的脚步声，也不管他们。他们进门后，让我关掉电脑，我没关，但当我忽然想到这句话后，就立刻关了电脑。我认为父母让你做的事，你应该立刻顺承，这是对他们的尊重与孝顺。"

观：视频教育

我校实行托管制度，中午学生在校休息。我常利用午自习或晚自习，与学生一起观看传统文化教育节目《圣贤教育改变命运》。学生们自己选其中感兴趣的内容观看。学生们自己选的这些内容都符合他们的身心发展特点，都是他们现阶段想了解的事情。可是，老师和家长们在这些方面很少涉及。传统文化教育节目正好像我又请的一位老师一样，教会了学生们这些方面的知识，促进了学生们的健康成长。视频有文字、有图片、有现场、有声音，能让学生全方位地受到触动。

行：学以致用

活学活用，利用所学国学智慧解决生活中的问题，做到学以致用。例如，在班级管理中要求学生们做到不乱扔垃圾，严格要求自己。学生们明白了一句古语："勿以善小而不为，勿以恶小而为之。"小事最见人品。再如，班干部在管理中也明白了："势服人，心不然；理服人，方无言。"知道了该如何在管理中采取正确的方法。

许多家长也说，孩子们现在比以前懂事多了，在家里知道主动干些家务活，知道理解家长了。没有受过传统文化教育的孩子，在遇到一些事情的时候，可能还会犹豫，不知道怎么办。可是接受过传统文化教育的孩子，在遇到一些事情的时候，心里已经有了正确处理问题的方法，可以少走弯路。用智慧武装孩子的头脑，孩子就会更聪明，更有未来。

学习传统文化，理解是基础，力行是目的

因为有中华优秀传统文化的学习与渗透，所以我们班孩子的表现普遍很好。在生活中遇到一些事情的时候，他们基本知道正确的处理方法。孩子们也慢慢建立起了自己为人处事的标准，从传统文化中汲取了很多个人成长的智慧。

思想决定行动，良好的思想必然带来良好的行为。过去的一年中，孩子们收获了硕果。在"校园之声"合唱比赛中，我们班荣获了一等奖的好成绩，孩子们欢

呼雀跃；我们班还承担了区级音乐课的示范观摩活动，湖北文理学院的副教授和音乐专业的大学生们来我们班学习探讨；我们班还承担了区级生物课的示范观摩活动，樊城区的生物老师们来到我们班学习探究；在去年的期末综合素质能力测试中，我们班孩子的各科学习成绩都处于领先位置。

同学们的主人翁意识也非常强。班干部们主动提出收集平时同学们喝完的饮料瓶，卖掉后可以做班费用。体育委员组织了一次班级运动会，全班同学人人参与，玩得很开心。文艺委员自己出资装饰班级教室，开办了一场快乐的新年元旦晚会。现在，同学们更加团结友爱，活泼开朗，积极向上，有着很强的班级荣誉感和责任感。

在学习中华优秀传统文化上，我们班在学校是属于领先的。从当年秋季开始，国家在义务教育的各个年级里都开设了不同的国学经典学习课程。弘扬中华优秀传统文化，做有道德的人。这对于每一位学生的长远发展都有着重要的推动作用。

（原载于2014年12月24日《教育时报》，有改动。）

第二辑

BanJi ChengZhang MiMa

班级活动,在快乐中开展

倡 导读书，享受书香世界

4月23日为世界读书日，越来越多的人开始认识到读书的重要性。

就社会发展而言，高尔基说："书籍是人类进步的阶梯。"

就个人发展而言，莎士比亚说："生活里没有书籍，就好像大地没有阳光；智慧里没有书籍，就好像鸟儿没有翅膀。"

为提高学生们对读书意义的认识，我曾多次呼吁，提倡孩子们平时多读书，读好书，让书香陪伴自己一生。

班级读书倡议

带过一届又一届的学生，我常常发现，许多学生的课外阅读量极少。而在我们的语文教学活动中，又处处需要课外知识的交流和拓展。例如读完一篇文章，我常常会让学生谈谈感想或心得体会；写作时，又常常需要学生思接千载，神游八荒。参与这些学习活动，若没有广阔的课外知识做支撑，学生的表现将是十分浅薄的、单调的。反之，一个有着丰富课外知识储备的学生，他的阅读思考会是深刻的，他的写作视野会是开阔的。一个孩子，若从小不涉猎大量的课外知识，他的思想怎么会有深度、广度，以及高度呢？

看台湾作家龙应台的著作《孩子你慢慢来》时，此书序言《蝴蝶结》给我留下了深刻的印象。在这篇序言里，作者那深厚的生活积累，以及丰富的联想能力，让人十分钦佩。其实，序言只讲了一个小故事："我"去一家花铺买一束花，花店的老妇人取出"我"要的二十几枝玫瑰花后，便交给了她的小孙儿去用草绳绑扎好。小孙儿却总是打不好蝴蝶结，于是老祖母便粗声骂起来，"我"则安抚了老祖母，在斜阳浅照的石阶上坐下来，等着这个小孩慢慢地把蝴蝶结扎好。

可就是这样普通的小故事，被作者运用联想、插叙等手法，自然巧妙地加入了一些更为丰富、更为深刻的其他内容，就使文章呈现得更有深度，更令人思考和回味了。

"回教徒和犹太人在彼此屠杀,埃塞俄比亚的老弱妇孺在一个接一个地饿死,纽约华尔街的证券市场挤满了表情紧张的人——我,坐在斜阳浅照的石阶上,愿意等上一辈子的时间,让这个孩子从从容容地把那个蝴蝶结扎好,用他五岁的手指。"这是文章开头作者脑海里的联想,站在世界的视角上,表达了自己愿意去慢慢等待一个小孩子成长的平静心情。

接着,作者插入了一些往事。小时自己班上一个叫王爱莲的女孩儿,因成绩差被老师打骂,最后带着三个弟妹跳河自杀的事情,令人唏嘘不已。

文章结尾依然是作者对生命的联想:"医院里,医生正在响亮的哭声中剪断血淋淋的脐带;鞭炮的烟火中,年轻的男女正在做永远的承诺;后山的相思林里,坟堆上的杂草在雨润的土地里正一寸一寸地往上抽长……"生命的旅程平常又不易。文末,作者再次表达了她愿意等待一个孩子慢慢长大的心情。

一个小故事,被作者写得如此富有深意和耐人寻味,不正是源于作者有着开阔的视野与渊博的知识吗?

谈到读书的重要性,我不由联想到新中国的缔造者,伟大领袖毛泽东同志。去年暑假去延安旅游,参观杨家岭、枣园等革命旧址时,导游提到的毛泽东同志酷爱读书的故事让人很钦佩。几乎每一个导游都会提到,毛泽东同志在抗日战争期间,无论搬家到哪里,都会有一个警卫员为他挑书。他的书桌上、床上到处都摆满了书籍,可随时阅读。至今,中南海毛泽东同志的旧居,简直就是书天书地。毛泽东同志的一生都离不开书籍,他从书中汲取了智慧,汲取了力量,从而助力了革命一个又一个的胜利。从毛泽东同志的身上,我们可以得到深刻的启示。生活里如果遇到什么困难,若无人请教时,我们便可以向书籍请教。现代社会,资讯越来越发达,书籍也越来越丰富。我们想要了解哪方面的知识,便可以去寻找哪方面的书籍来阅读、学习。人的很多成长都是从书中得来的。

在课堂上,联系实际生活,我跟孩子们谈了多读课外书的必要性与重要性后,并向全班发出倡议:今后每人每天都带上一本课外书,养成随时阅读的好习惯;每周星期一下午的第一节语文课定为读书课,同学们在这一节课里都安安静静地读书,沉浸在书香的世界里;每月开展一次读书交流活动,如讲故事大会、知识竞赛等。

班级读书公约

凡事预则立,不预则废。为了让同学们更好地养成爱读书的好习惯,我们先讲好要求,再按照约定,一致行动。

关于读书,强调两点:一是会选择好书,二是遵守读书纪律。

书,有好有坏,因此同学们要学会选择。那么,中学生应该读哪些书籍呢?

我建议,主要阅读以下四类书籍:

一是经典作品,即古今中外的名著,可以为同学们的传统文化、经典学习与为人处事打下良好的底子。

二是人物传记,如毛泽东、周恩来、居里夫人等名人的传记,属励志书籍,可以从自己敬佩喜爱的人物那里汲取前进的力量。

三是科技读物,如关于宇宙飞船、食品安全等知识的介绍,可以从中了解到许多科学知识及最前沿的发明创造等。

四是优秀报纸杂志,如《读者文摘》《意林》等,可以从中接触到最新的观点、最丰富的资讯,做到与时俱进。

那么,哪些书不宜读呢?

我同样给出建议,像那些涉及黄色、暴力、玄幻方面的书籍等,大多都不适合中学生阅读。阅读这样的书,或者会让不谙世事的中学生误入歧途,或者不过是在打发时间,无甚意义。

中学生应该"好读书,读好书",让真正有意义、有价值的书籍来陪伴自己的成长。

关于每周一节读书课的管理,我们这样来进行。

读书,需要安静。创设一个安静的读书氛围十分重要。因此,班干部在管理时,也要注意维护这种安静的氛围。因此,我们在读书课时,实行的管理应该是"无声管理"。

以语文科代表为主,每次由一名班干部坐在台前,一边看书,一边管理。凡是发现台下有小声说话者,在黑板上记一次名字。

考虑到有的同学可能会无意中说了话,并非有心,应该给予其改正的机会,第一次便不惩罚。

也有的同学可能是习惯不好,说了一次小话后,又忍不住再说了一次,或许他也很后悔,便再给予其一次改正的机会,第二次被记名字也不惩罚。

但若说小话被记三次后,则要写500字的反思,以提醒自己改正毛病,今后养成良好的读书习惯。俗话说,事不过三。一个错误连犯三次,要么是故意,要么是习惯不好,就必须受到惩罚了。没有规矩,不成方圆。这个道理,大家都懂。

　　之后,每周的读书课,班干部都会检查同学们的读书内容与读书表现。

　　事实上,同学们都做得挺好。偶尔有同学表现欠佳时,也在班干部的监督下,很快自觉主动地改正了。

　　每一节读书课,都安安静静的,所有人都沉浸在书香的世界里。

　　假以时日,同学们的读书习惯就会慢慢由自发走向自觉。好习惯的养成需要一个过程,但养成后,则会终身受益。

沐浴书香，分享读书收获

第一节 读书课

今天是星期一，下午第一节课是我们规定的读书课时间。

上课了，我走进教室，同学们已在自己的位置上安安静静地开始看书了。我再次强调了读书课纪律上的一点要求，然后让语文科代表郑阳同学上台管理，同学们继续阅读自己带来的课外书。

在班级巡视中，我发现有个别同学没带课外书，正准备批评时，就有旁边的同学把自己的另外一本课外书借过来了。欣欣同学借给同桌小俊同学一本《童年》，晶晶同学借给身后的小飞同学一本《傅雷家书》。看来，同学之间能互相帮助，还不错。

同学们继续安安静静地阅读，徜徉在知识的海洋里。后来，帅帅同学有些看不进去他的课外书，老想做题。这怎么能行？一个孩子只喜欢学习课本知识，只会做题考试，不爱读一些优秀的课外书籍，怎么会有开阔的视野，怎么会有深度的思考？我要求他，什么都不能做，这节课只能看课外书。于是，他自己主动拿着书站了出来，面朝教室后的黑板，让自己清醒清醒。

郑阳同学在讲台上一边看书一边管理，我坐在教室后面看龙应台与其子安德烈的著作《亲爱的安德烈》。整节课纪律都很好，所有人都在安安静静地看书。

虽然有我在，但我还是让郑阳在前面管理，这是为了培养班干部的独立管理能力，班干部也是需要锻炼培养的。每周的读书课，郑阳与副语文科代表两位同学交替负责管理。等她们学会了管理，即便老师不在教室，同学们也能在班干部的管理下表现得很好。

刚开始引导班级读课外书时，有少数同学还不习惯、不适应，需要规矩的约束。时间久了，当热爱读书成为一种习惯、一种自觉的行为，每一个孩子才算是真正走进了书香的世界里,才算是真正学会了享受读书的快乐。

一周一节读书课,只是为孩子们打开一扇喜欢读书、热爱读书的大门。希望他们从这里出发,以后能养成时时都热爱读书的好习惯。

当然,在培养同学们读书的兴趣上,我们会隔一段时间,适当地在读书活动中穿插一些小活动。比如观看视频。央视拍的关于读书的公益广告视频就很好,可以提升同学们对读书的认识,激发同学们对读书的喜爱。再比如开展小知识竞赛,让同学们自己出题,全班再分组竞赛,看一看谁了解的课外知识多。又比如举行讲故事比赛,每个人讲一个自己从书中看到的故事,既培养了同学们认真读书的态度,又锻炼了口头表达能力,一举多得。

读书故事会

为进一步培养同学们读书的兴趣,在星期一的读书课后,我们利用星期三的晚自习时间开展了一次读书故事会。

上课伊始,我先点评了同学们在读书课上的表现,然后又谈了谈多读课外书的意义。关于个别同学没带课外书的情况,我建议,同学们一定要养成每天都带一本课外书来上学的习惯。课余时间也经常看看,一则减少了吵闹,二则养成了良好的学习风气。关于个别同学读不进课外书,只想做题的情况,我指出,大家不能视野狭窄,只盯着课内知识,一定要多读课外书,扩大自己的知识面。其实,我们每周一节的读书课只是引导同学们慢慢热爱读书。因为要读完一本书,一节课的时间是远远不够的,只要同学们能爱上读书,就真正有了自学的能力。知识能给我们带来前进的力量,往后遇到什么困惑,也知道从书中寻找智慧和启示。

接下来,我们一起观赏中央电视台拍摄的关于读书的公益广告视频。每位央视主持人都谈了自己对读书意义的理解与认识。生动的语言与形象的画面给我们留下了深刻的印象。

李潘:"与书相伴的每一分钟都是对人生最好的奖赏。"

欧阳夏丹:"阅读是要让真正的阳光住在心里。"

白岩松:"在书中,不仅有眼前,更有诗和远方。"

月亮姐姐:"在书中可以和优秀的人物为伴,与思想共舞。"

张越:"过日子也要放飞灵魂,读书与后者有关。"

郎永淳:"阅读,让内心强大。勇敢面对抉择与挑战。"

合:"我爱阅读。""我爱阅读。"

最后,画面呈现一句话:阅读,更多精彩。

一则公益广告就好像是一盏灯,可以照亮我们前进的道路。每个孩子的心灵都像一扇窗,窗户打开,光亮就会进来。孩子们认真地观看着视频,就这样慢慢爱上读书吧。

为了提升同学们的读书质量,促进同学们今后更加广泛认真地阅读优秀的课外书,我将接下来的大量时间交给同学们,来开展一次讲故事比赛。每个同学依次上台,讲一个自己从课外书上读到的小故事,看看谁讲得好。

稍微准备,思考两分钟后,我们就开始了。讲着讲着,一节课的时间很快就过去了。比起上学期举行的"一分钟演讲比赛",我发现,在本次活动中,同学们的口头表达能力明显提升了,多数同学都谈得有条有理。以前,近四十个同学,一节课时间,人人都能上台讲一次,每人用时基本都在一分钟之内。而今天,不少同学谈的时间都比较长,一节课下来,只有二十几个同学上台展示了。剩下的一组同学,我们又利用了另外的半节课才展示完。

我发现同学们看的课外书真是丰富多彩,《城南旧事》《童年》《红楼梦》《水浒传》《伊索寓言》《海底两万里》等许多名著里的故事,都有同学讲到过。通过讲述,同学们既加深了自己对所读内容的认识,又促进了知识共享,扩大了大家的课外知识面。

活动结束后,我表扬了同学们的两大优点:一是很多同学在台上的表现越来越大方,二是很多同学的口头表达能力越来越好。我还与同学们分享了自己在大学时的读书经历。上中学时,我们看的课外书少。我是在上大学后才开始大量阅读名著的。那时,在我们宿舍楼下有一个借书店,同学们经常在那里借书看。中国古典四大名著《西游记》《水浒传》《红楼梦》《三国演义》,还有外国名著《飘》《基督山伯爵》《红与黑》《巴黎圣母院》《战争与和平》,等等,我都是在那时看完的。当时,我们寝室的几个同学中,有一个女生很活跃,经常给我们讲故事听,挺好玩的。于是,我在读书时,也开始关注怎么样才能记住故事情节,用自己的话讲给别人听。后来我发现,事情的起因、经过、结果,用自己的话都容易讲述,但是人名、时间、地点则必须要记住才行。读了书,再学着与人分享是一件很快乐的事情。最后,我希望同学们今后能广泛地、认真地读好课外书,让书香陪伴我们一起成长。

班级读书节

星期一下午，第一节课，我班开展了首届读书节活动。

走进教室，就看见黑板上写着八个艺术大字"一路书香，一生阳光"，及副标题"悦读·读书交流主题活动"。在这八个字中间画着一本翻开的大书，下面还有几本叠放的小书和一支笔，右上方刚刚露出头角的太阳放射出温暖的光芒。整个画面给人以宁静、温馨、和谐、大气的感觉。

"戏剧大师莎士比亚说过：'书籍是全世界的营养品，生活里没有书籍，就好像没有阳光；智慧里没有书籍，就好像鸟儿没有翅膀。'可见，读书对我们是何等重要！"婷婷同学说。

"书，能给人知识；书，能净化心灵；书，培育了一代又一代人。然而，只有爱读书的人，才能在书中找到智慧的钥匙。书籍已经成了我们生活中不可缺少的一部分。我读书，我快乐！"可儿同学说。

"下面，让我们隆重而又荣幸地宣布七(1)班首届读书节活动正式开始！"随着两位主持人充满激情的开场白，我们一起走进了这场期待已久的读书交流活动。

课堂上，同学们围绕"读书"这个主题，开始了达人秀比赛活动。

第一个环节，故事演讲比赛。我们听了好几个同学讲的故事，有《伊索寓言》中的，有关于中国"二十四孝"的，等等。郑阳同学仪态大方，讲述生动，声音洪亮，被大家评为"演讲达人"。

第二个环节，诗文朗诵比赛。大家表演了诗歌朗诵《我爱读书》，故事朗诵李伯元的《官场现形记》选段、罗贯中的《三国演义》选段、吴承恩的《西游记》选段、英国作家丹尼尔·笛福的《鲁滨逊漂流记》选段等等。朵朵与婷婷同学表现突出，诗歌朗诵得有感情有气势，被大家评为"朗诵达人"。

第三个环节，课外知识竞赛。此环节最能看出同学们课外阅读的知识面是否宽广。主持人准备了二十道选择题，结果每一题都有同学回答正确。甚至有些题目，主持人不用说选项，都有同学抢答出来。由此可见，同学们平时积累的课外知识还是非常广泛的。小羽同学表现积极，回答的准确率最高，被大家评为"知识达人"。

接下来，在主持人的引导下，我们进入颁奖环节。奖项分课内活动、课外活动两部分。本届读书节活动，全程由班长可儿同学策划、组织，我只稍稍做了些引导。可儿同学主动提出为本次活动友情提供奖品，以更好地激发同学们参与活动的热情。我欣然同意。只要条件许可,精神奖励加物质奖励当然好了。颁奖时,婷婷同学念获奖者的名单,可儿同学负责分发奖品,为每个获奖者送上一个小布娃娃或者小食品,领到小奖品的同学们都很开心。

上周,可儿同学布置了一项课外作业,即请同学们从"最美读书卡片设计"或者"最美读书手抄报设计"中任选一个活动完成。评比标准:主题鲜明、内容丰富、色彩鲜艳、新颖美观、排版工整。今天上午,同学们交上来了自己设计的作品,我们进行了评选活动。

其中,最美手抄报的设计者有:小萍、盼盼、纯纯、小琳。一份份精巧的小报里呈现了丰富多彩的内容,有关于读书故事的,例如张广厚吃书、侯宝林抄书、闻一多醉书、凿壁借光、悬梁刺股等等;有关于读书名言的,例如"读书破万卷,下笔如有神""少壮不努力,老大徒伤悲""聪明在于勤奋,天才在于积累"等等;还有谈读书的好处、读书方法、心灵感悟的……

最美读书卡片的设计者有七人。同学们在自己设计的读书小卡片上,介绍了自己喜欢的书名、作者、主要内容、佳句摘抄、读书收获等。其中,获奖的格格同学推荐了名著《童年》、小朵同学推荐了《查理九世》、小莹同学推荐了《城南旧事》、小然同学推荐的是《猜猜我有多爱你》、小兰和周怡同学推荐的都是《昆虫记》、小悦同学推荐的是《渔夫和金鱼》,每个人都从阅读中受益匪浅。

特别值得一提的是,格格同学还设计了好几张小巧精致的书签,有的是菱形,有的是叶子状,有的是长方形。每张书签上都写了一句名言,并配有小船、蒲公英、小花、爱心等图案。果然是心灵手巧,别具一格。

颁奖活动完毕,主持人致结束语:

"一本好书,可以是一个故事,一段人生,一种精神;一本好书,能带你走进知识的殿堂,让你在知识的海洋里尽情遨游。"可儿同学说。

"一本好书,能陶冶你的情操,提升你的品德;一本好书,能引领你走向成功的彼岸,迎接光明的人生。"婷婷同学说。

"同学们,让我们记住我们的读书口号吧——我读书,我快乐!本次活动到此结束,谢谢大家积极参与!"两位主持人鞠躬致谢。

沐浴书香,润泽人生。活动虽然结束了,但读书的种子却留在了每个孩子的心中,慢慢发芽滋长。愿这一路书香,伴随孩子们一生阳光。

班级成长密码

玩 是学习的动力

学习是一件充满趣味的事情，我们应该做到：知识与能力并重，快乐与成长齐飞。在日常学习生活中，我经常和学生们一起开展丰富多彩的课堂活动，既培养了学习兴趣，又加深了对知识的理解和运用，还提升了学习能力，效果非常好。我们常常徜徉在一次次开心的语文活动课中，享受着一次次愉快的精神之旅。

课本剧表演

学习完《曹刿论战》以后，我决定让学生当堂进行课本剧表演。一方面吸引学生的兴趣，把课上得生动；另一方面让学生进一步加深对课文内容的理解。

我们的表演很简单，是即兴的。旁白站在自己的座位上，讲台上为朝廷，一边走道为乡里，一边走道为战场。表演者一律使用白话文，内容要忠实于原文，又可略微灵活发挥。结果同学们的演出形象生动、活灵活现，效果大大超出大家的预料。

例如凡敏同学饰演曹刿。见了同乡，她轻轻招手说："嗨，早上好。"见了鲁庄公她连呼"万岁"。语言、动作自然风趣，引起同学们一阵阵笑声。

伊伦同学饰演的鲁庄公有国君气势。见了曹刿，他说"赐座"。在战场上，他戴上自己银灰色棉袄的帽子当作头盔。说"进军"时还一跺脚，右手向前方一指。伊伦同学不苟言笑，但他可爱的动作常引起同学们一次次爆笑。

这些学生还真有点表演的天分，凭着对课文的理解，再加上临场发挥，居然能够把课文内容演绎得如此形象生动。

课后，不少同学都觉得回味无穷，还没欣赏够。后来我们又表演了《邹忌讽齐王纳谏》《唐雎不辱使命》《威尼斯商人》《变脸》等课本剧，让更多的同学得到了锻炼，也让大家又一次次沉浸在快乐的学习之中。

学生来讲课

现代课堂注重发挥学生学习的主观能动性,要求教师去唤醒学生、点燃学生、解放学生、发展学生。的确,学生是学习的主人。只有学生去主动学习,才能提高学习效率。

为了更好地把课堂还给学生,每学期我都会在班上征集《语文》书上某些课文的主讲人,让孩子们提前准备,尝试去上几堂课。

因为有我平时上精读课文的示范引领,学生们对我的课堂教学模式十分熟悉。经过一次次的摸索,学生们自己上课也组织得很好,基本能做到整堂课目标明确、流程清晰。

我们的语文课堂常常有两个主持人,一个主要是引导全班同学步步推进,由浅入深完成学习目标;另一个主要是协助播放多媒体课件,并在黑板上的课堂评价表里给每个小组打分。

课堂流程基本为四步:导学、独学、互学、评学。第一步,主持人导入后,全班齐读学习目标。第二步,独立学习,思考主持人提出的问题。第三步,小组抽签并讨论,解决本组任务。第四步,各小组开始展示自己的成果,其他小组点评、补充、质疑、建议。最后评出得分最高的小组为冠军组,给予掌声鼓励。

像吴雪、孟莹,带领同学们学习过《皇帝的新装》;薛丽、章燕,带领同学们学习过《丑小鸭》等,都收到了很好的课堂效果。

学生讲课有自身具备的优点,但也有一些不足之处,需要教师不断完善。

学生讲课的优点有:

(1)主讲对象更换,感觉新鲜有趣。

(2)学生一次只讲一篇课文,有充分的精力备课、查找资料、做课件。

(3)学生喜欢使用多媒体,给全班展示图片,直观形象吸引人。

(4)学生喜欢尝试新鲜的学习方式。如导入时,以抢答的形式引导全班了解文学常识;再如分析课文时,设计几个主要问题,让大组长上台抽签,然后组内讨论。这些形式新颖有趣,调动了全班的学习兴趣。

(5)学生喜欢给小组打分,能够调动各组的学习积极性。

(6)老师也可得到启发。坐在教室听完课后,自己也对课文更熟悉了,也可不断改进自己的教学。

学生讲课的不足有：

(1)往往不懂得关注到每一个同学的学习状态，不能及时提醒个别走神的同学回到学习上来。

(2)教学环节不够紧凑，内容不够精准。有时一堂课容量太少，有时一堂课容量太多。

(3)只管完成任务，不落实同学的学习情况。课堂感觉是在"飘"过每一个教学内容。

结合这些实际情况，我采取了学生讲课与老师落实相结合的方式。每篇新课文给学生一节课的时间，让学生自己讲，新鲜有趣。然后我再进行复习落实，让每个学生都真正掌握课文重点。这样，学生上课与老师落实相结合，相得益彰。

我经常坐在下面做听课笔记，偶尔也指出同学们没解决好的问题，或者未讲到的关键之处。有时候，越听学生讲课越佩服他们，因为他们通常讲得都很认真、很细致，完全符合学生们的学习心理。尽管会有一点不足，但这并不影响全班的学习兴趣及良好的学习效果。

击鼓传花秀作文

带九年级时，每周末，我们班都安排有两节作文课。第一节写作课，要求当堂完成。第二节点评课，学生上台念自己的作文，其他人点评其优缺点。

但每次的作文点评课，总是只有很少的学生举手上台念自己的作文或点评作文，气氛特别沉闷。于是语文科代表小霞同学就想到用"击鼓传花"的形式，让同学们上台念作文。

她提前用略厚点的纸做了一朵漂亮的黄色百合花。上课后，宣布了活动规则，她把百合花交给了第一个同学。然后她面向黑板说"开始"，便不停地拍手。拍手停止后，花在谁手中，谁就上台念自己的作文。

结果，同学们热情都很高。轮到谁，谁就很高兴地快步走上讲台。一个个还是蛮有表现欲望的嘛。

整堂课同学们既展示了自己的作文，又过得很开心。

可见，把学习的主动权交给学生后，学生就会结合他们的实际情况，自己加以改进。他们自己就会考虑到应该以怎样的形式去做，才能让同学们既学得好，又提高了兴趣。

开展即兴小活动

一节课如果目标明确，容易完成，往往可以节约时间，提高效率。过去，我在当堂任务完成后，总是会寻找其他学习任务让学生去做。后来，我转变了思想。课堂上的学习任务如果提前完成了，还剩几分钟时间，我就带领学生一块儿玩，全班一起开展小活动。

周五下午第三节课，我们很快便完成了学习任务。离下课还有五分钟，我准备让大家轻松一下。因为学生没经验，不会开展活动，我就先起了个头。

我首先出了个脑筋急转弯，题目是："小明是春天生的，但他的生日却在秋天，为什么？"

学生们想了好一会儿，结果文月答对了，因为"小明的妈妈叫春天"。听到答案后，大家恍然大悟。

之后我让学生们自己出了一个题目。肖锐问："什么路不能走？"伟杰答："电路。"题目太简单了，学生一下子就答出来了。

接着我又出了一个故事题："有几只小蚂蚁在路上走，这时树上掉下一只大梨。请大家想想蚂蚁们说的话会是什么，而且话的谐音里要含有一些国家或地区的名字。例如'噢，大梨呀'（澳大利亚）。"

学生们很感兴趣，想到"嘘，梨呀（叙利亚）""爸，梨（巴黎）"等。答案有很多，但一时半会儿也不容易想到。

后来我看时间还够，又给大家表演了一个小魔术。

为什么在课堂任务完成后我选择开展即兴小活动呢？有两个原因：

一是我上小学时，有一位老师在课堂任务完成后，常常带领同学们一起做游戏，同学们很喜欢上这个老师的课，教学效果也很好。

二是上一届的某个学生提的建议给我留下了深刻的印象。那时毕业班每晚上三节晚自习，我们第三节通常是活动课，而活动课是孩子们最放松、最喜欢的。该生提议说，让前两节任务没完成的学生不能上第三节课，大家就会很积极地去完成学习任务。后来大家的第一、二节晚自习的学习情况大为改观。由此我发现，学生们对活动课是多么喜欢。活动课可以提高学生们的学习积极性。

后来，我又看了作家毕淑敏的一篇文章——《儿子的创意》，更加确信开展即兴的课堂小活动是很好的。该文讲述的是，儿子为了能免费去日本旅游，参加了一个建筑创意大赛，并获得银奖。妈妈问儿子为什么那么想去日本，儿子的回答令妈妈意想不到。儿子说,因为日本的游戏机好玩,他想去买一个回来。仅此而已。由此可见,玩也是激发孩子努力学习的动力源泉之一。

所以,我一直努力把学生的学习变成一件愉快、轻松的事情。

我们平时开展的语文课堂即兴小活动还有唱歌、讲故事、猜谜语、看动作猜词语或句子、成语接龙、抢凳子游戏、联想游戏、拆字造句游戏等。这些活动,有的是老师想到的,有的是同学们自己想到的。

开展丰富多彩的课堂小活动既可以激发学生们的学习兴趣,又可以提升学生们的口头表达能力、合作能力、自控能力等,还可以巩固所学的课内知识,并延伸课外知识,让孩子们更加热爱学校生活。

电子班刊《晨曦》的诞生

星期一,我们的第一期精致漂亮的电子班刊《晨曦》做出来了。中午,我把班刊传到了我们班的班级群与家长群。第二天,我在学校里打印了出来,给班上的每位学生都分发了一份。大家都看得很认真。虽然刚开始我们做得还比较简单,但是得到了家长与老师的一致好评。虞蝶妈妈还在班级群里说:孩子责任心增强了,晚上回家写完作业,也不看电视,就去办班刊了。

回想起来,今日班刊的诞生经历了三大阶段。

第一阶段:办手抄报

三年前的秋季,我接手了一个七年级的新班级。为了更好地促进班级管理,更好地开展班级文化建设,我准备搭建一个舆论与监督的平台。出于这样的考虑,我开始指导同学们办班级周报。

当时,全班五个小组,大家圆桌式面对面坐着。我们选了五个能力较强的班干部,刚好是五个大组长,轮流当值周班长。每个值周班长平时注意观察全班同学方方面面的表现,周末以手抄报的形式展示出来。

当时,学生们开辟的栏目有:"小组排行榜""学习之星""劳动之星""两操之星""文明之星"。其他开设的栏目还有:"班级新闻""身边的进步""名人名言""有话就说""才艺展示"等。所有开设的栏目都紧紧围绕班级管理进行。每一期手抄报都要有期数、出版时间、出版人,并要求书写美观,栏目清晰,图文并茂。

手抄的报纸虽然内容不多,文字量少,但容易制作,色彩鲜明,语言生动,具有很强的观赏性。每周一份班级周刊都张贴在教室里,老师和同学们在闲暇时间都会去看看。这是我班最原始、最简单的班级周报。

第二阶段：积累优秀作文

作为语文老师，我经常会在每一次正规写作训练后，挑选出几篇优秀作文。在评讲作文时，这些优秀作文一定会由作者本人上台念给全班听，让同学们学习其优点。在课后，我又会让作者把这些优秀作文传到我的电子邮箱。我再次修改完善后，会向全国各大报刊投稿，争取让更多同学的优秀作文发表。每一次同学们的作文被发表后，我和同学们都非常开心。无论是课堂的口头展示，还是课后的书面发表，对同学们的写作积极性都是一种莫大的鼓舞。

同学们的作文反映了他们学习生活的方方面面，很值得收藏。有一次，全班在参加市教育局组织的"全国校园书信大赛"的征文中，每个人写得都挺好。这次写作，学生们紧扣班级、校园的学习与生活这一主题来写，我准备收藏起来。于是，我让学生们各自把自己作文的电子稿传给我。我告诉同学们，这样做，老师有两个目的：一则尽量让大家的文章多投稿、多发表，二则可以保存最原始的学习生活资料，留下初中生活的点点滴滴。全班同学听了很赞同。但后来因条件所限，有的同学迟迟不能上交电子稿。于是，我和班干部商量，选了八个电脑运用熟练的同学来负责录入每次的优秀作文。这样，就解决了作文录入电脑的问题。同时，也将优秀作文逐渐积累起来。

第三阶段：制作电子班刊

本学期开学初，偶然的一次机会，我在群里看到一位全国知名班主任的学生用电脑制作的班级周刊，于是就产生了引导我班的学生也来做做电子班刊的想法。

现在，我们手中有这么多的优秀作文，又正好是同学们日常生活的反映，很适合做班刊。而且八个负责录入作文的学生也正好可以组成一个文学社团，一切可谓水到渠成。于是，我先培养了其中的两个学生薛丽和虞蝶。我把自己目前掌握的一点点制作电子班刊的电脑技术教给这两个同学，让她们在学习中去慢慢深入摸索。

我们还在班级征集了班刊、文学社的名字。最后，斟酌再三，我们的班刊定名为"晨曦"，意为这里将给大家带来清晨的一缕阳光；文学社定名为"启梦文学社"，意为我们将在这里开启梦想，快乐生活。因为我们的班级叫"七彩阳光班"，这样取名，也与我们的班级文化一脉相承。

最令人欣喜的是,薛丽同学很主动、很积极地完成了第一期电子班刊的制作。而且她居然会熟练使用办公软件,班刊做得很漂亮。我相信,她以后会学得更专业,做得更好。我只要一学会点这方面的技术,就立马传授给同学们,以便同学们能立马派上用场。其实,第一期电子班刊,我们觉得很美,色彩鲜明,文字丰富,比手抄报的容量要大得多。但实际上,这里面运用的技术还是超简单的,我们还在继续摸索,争取越做越好。

我们的班级周刊定为逢星期一"出版",就是为了督促"启梦文学社"的编辑们在双休日必须完成任务。这样,班刊的"出版"既有时间保证,又让同学们在假期里得到了锻炼。在双休日里,同学们不但能做点有意义的事情,还学会了正确利用网络,增进了同学之间的交流。

当班级周刊发到每一个同学手中的时候,哪位同学的文章发表了,或哪位同学被表扬了,都会得到其他同学羡慕的目光,而被刊登文章的作者或被表扬的同学也会很开心,这一切都给所有的同学以信心与鼓励。

快乐的班级运动会

劳逸结合,是为学之道。在日常的学习过程中,适当地开展体育活动是必不可少的。在班级运动会上,我要求全班人人参与。体育活动中培养的竞争意识、拼搏精神、坚强意志等优秀品质,无不让每一位学生从中受益。

有一次,参加完区里的教职工体育节后,我在班上提议体育委员等班干部们也组织一次班级运动会,以丰富同学们的学习生活。

为了指导学生们开展好运动会,我和班干部们讨论设计了一张表格,该表格包括学生们自己预设的比赛项目,以及每一项运动的比赛规则、比赛场地、裁判员、参赛人员,还预留了登记冠军、亚军、季军的位置。

大约一周后,体育委员和班长已经组织全班同学填写好参赛信息。学生们设置了跳绳、乒乓球、跑步、篮球、羽毛球五个体育项目。

一切准备就绪后,我给了两节课来召开班级运动会。学生们其实就是在开心地玩,不过是在玩耍中增加一些竞争罢了。整个场面非常热闹,校园操场上的每个比赛场地都在如火如荼地进行着比赛。下课了,不少其他班的同学还跑来观战。

最后,每个项目的冠、亚、季军都脱颖而出。

后来,我打印出获奖证书,在班会课上进行颁奖。

又带一届新生时,我们同样也举行了一次班级运动会。

体育委员花了约两个星期的时间进行了认真的筹划准备。本次运动会设置了五个项目:跑步、跳绳、定点投篮、羽毛球、立定跳远。参赛场地、裁判员、参赛人员、比赛规则,都由学生们自己设定,比赛时自带参赛的体育用品。

下午第三节班会课,我班在操场上举行了一场别开生面的运动会。

上课铃响了,同学们来到操场上,开始了有趣而又紧张的比赛。你看,立定跳远场地,一排参赛同学,铆足了劲儿往前跳,个个都想争第一;跳绳比赛场地,参赛同学紧张而兴奋地上下跳跃着,都想在一分钟内跳得最多;羽毛球比赛场地,参赛同学都争着要与对手一决高低……

临下课时,各项比赛结果都出来了,每个项目都评出了冠亚季军。

晚自习时,我请体育委员公布了各个比赛项目的获奖名单。大家都很开心,希望今后再举行班级运动会。有的同学还表示,下次一定会比这次做得更好。课后,班长及时写出了本次运动会的新闻报道,发表在班级周刊《晨曦》上。

阳光体育,放飞梦想。班级运动会体现了"我运动,我健康,我快乐,我阳光"的运动理念,让同学们深深体会到"学习加锻炼,精彩无极限",从而实现了我们"开展阳光体育,建设和谐班级"的目标。

难忘的合唱比赛

校园之声

为了丰富学生们的课余生活,我校近日举行了一场"校园之声"合唱比赛。学校要求每个班上报两首歌曲。接到活动通知后,我班的学生们就开始认真地准备起来。

文艺委员虞蝶同学征求全班的意见,向学校上报了《国家》和《红河谷》这两首歌曲。在班干部的带领下,同学们利用音乐课、体育课、班会课和午休时间,不断地学习,不断地排练。

《国家》是音乐教材上的一首歌,由著名演员成龙、刘媛媛主唱。这首歌是2009年为纪念中华人民共和国建国六十周年而作的。时任文化部常务副部长欧阳坚认为这首歌唱出了国家意志与家庭感情的和谐共鸣,是献给祖国六十岁生日的鸿篇巨制。

为了获得更好的演出效果,很多同学开始学习这首歌的手语。这一点得到了音乐老师的肯定与赞扬。

《红河谷》也是音乐教材上的一首歌。这是流传在加拿大红河一带的民歌,它主要表现了人民来到这里垦荒种地、建设家园、发展城市,最终将野牛出没的荒原变成了人们生活的家园的美好图景。它回顾了人们艰苦创业的历史,同时也反映了人们对美好生活的向往。

这首歌同学们最熟悉,音乐老师也给过指导,所以排练得很顺利,用时也最少。

开展这样的活动,同学们的兴致很高,基本上整个活动过程都由学生们自主安排进行。班干部需要时间排练,我就给时间;需要运用多媒体,我就给他们支持;需要我去指导,我就去看看。

经过反复排练，同学们决定两首歌采用不一样的队形。不同的风格，有不同的展现方式。《国家》这首歌要体现团结的精神，于是，全班同学就集中站在一起，整整齐齐地站成三排，虞蝶、房蕾在最前面做手语表演。

而《红河谷》的音乐悠扬婉转，洗涤心灵。同学们在音乐老师的指导下，全班分成左右两半，最后一排是男生，前两排女生面向中间斜着站，中间留出一条过道。薛丽同学为前台指挥。同学们演唱得整整齐齐，薛丽同学指挥得有模有样，她还专门请教了音乐老师呢。

虽然是合唱比赛，但是同学们也希望能有些创新，所以每首歌在表演时都安排有同学在前面领唱。为了做得更好，虞蝶、房蕾二位同学也不知在背后花了多少时间，在家、在校学习手语；薛丽同学也不知是如何去向音乐老师请教的；热情能干的前任班长、现任学习委员吴雪同学几乎是本次合唱比赛的总指挥，每次都积极带领全班排练。而我仅仅是在同学们排练的时候过去观看一下，给点儿自己的指导意见，但大主意、大方向，还是听同学们的。我很庆幸自己给了同学们充分的自主权，充分尊重了同学们的意见。

记得演出当天的中午，全班在操场乒乓球台旁边排练。我看了一会儿，几个班干部指挥同学们站好，忙得不可开交。唱的过程中同学们还在争论某个地方该如何唱，哪排唱高声部，哪排唱低声部，说得还挺专业的。我不是音乐老师，并不太清楚这些。在队形上，我觉得合唱时全班都站得整整齐齐的，不分开，可能效果会好些。但是吴雪说，还是分开站好，形式活泼。我也没说什么，尊重她的意见。后来，我有点儿事先回了教室，学生们就自己在操场排练了几次，大约排练好了，才回到教室里去休息。当时我心里也没底，不知道他们会表现得怎样，且看他们的临场发挥吧。

本次活动持续了约三周的时间。第三周的星期五下午三、四节课，全校学生在教学楼六楼的多媒体教室举行"校园之声"合唱比赛。我班的《国家》抽的是六号，《红河谷》抽的是八号。

全校比赛开始了。我坐在台下静静地观看。每个班都表现得很好，队列整齐，声调一致。其中，我班的两支歌在演出时，合唱团前有同学引领，节目安排有创新。

在演出中，有两点让我眼前一亮。一是《国家》的演唱激情澎湃又温暖质朴，虞蝶、房蕾的手语表演娴熟流畅，给人以美的享受。唱完后，全班同学手拉手，举起来,鞠躬谢幕。二是《红河谷》分开两半斜着站的队形很新颖,与其他所有歌曲的演唱队形都安排为方阵完全不同,薛丽为前台指挥,效果果然很好。

所有节目都演出完毕,当主持人宣布我班获得第一名时,全班同学都雀跃欢呼起来。接着,各班班长依次上台领奖。钟原同学领回了我班的奖状。最后,全校各班依次退场,同学们开心地回到自己的教室。回教室的路上,一位评委老师满意地对我说:"你们班的学生很有创新精神。"我听了很开心。

等我来到教室时,只见吴雪等女同学已在奖状背面贴好双面胶。因为钟原同学个子高,同学们就让他把奖状贴在了教室前面最醒目的位置。同学们的喜悦之情溢于言表。这真是一个开心的日子。

红歌合唱

星期五,阳光明媚。昨天刚下了一场小雨,今天的空气格外清新。

早上六点半,全班同学都来到了学校。我们在操场站好队,整整齐齐地出发了。在学校附近的站台乘坐公交车,不一会儿就来到了前进路小学。

一进校园,只见学校的操场上已经搭建好了大舞台,台幕上"自强不息,厚德载物"八个大字映入眼帘。今天,区教育局在此举办"成长教育"活动第二届合唱节,主题为"校园之声革命歌曲合唱比赛"。

在本次活动中,全区上报的参赛节目有40多个,最终只有18个节目入选总决赛。其中,我班报送的节目《国家》有幸被选上。

从接到通知开始确定参赛曲目,到拍摄视频上报,再到现在来参加总决赛,我们只用了两周时间。

当初,校长要求我班代表学校参加区里的红歌合唱比赛时,因为时间紧、任务重,我立即想到了我班去年在学校开展的"校园之声"合唱比赛中荣获一等奖的曲目。

《国家》这首歌,当初是孩子们自己确定申报,自己在网络视频上学习,并排练成功的。最近,刘老师刚接手我班的音乐课。在观看了全班的表演后,她又在节目演出过程中做了一些更专业的指导和处理。

第一周,上报参赛视频资料。第二周,确定入选总决赛后,又反复进行了排练。特别是第二周,我们付出了很多。刘老师确定了江美同学先领唱一段,全班再合唱。表演手语的同学,除了虞蝶、房蕾,又加了吴雪、薛丽,共四人。最后一段,全班都做手语表演。结束后,全班齐诵《少年中国说》最经典的句子:"少年智则国智,少年富则国富;少年强则国强,少年独立则国独立。"

平时,我们或者在操场排练,或者在会议室排练,反复打磨,不断在细节上追求精致,力争让整个演出效果更好。每个同学也都在努力,一次比一次有进步。最后,学校还安排了王老师负责租衣服、请化妆师。

今天,终于迎来了正式演出的日子,大家都很高兴。

因为我校节目抽签的顺序是第三号,所以在八点之前我们就必须赶到这个赛场,并做好一切准备工作。

在前进路小学的一间教室里,王老师和两位聘请来的化妆师紧张忙碌地给每个学生化妆、梳发型、戴头饰,之后同学们穿好演出服装。一切准备就绪,全班同学又在教室门口排好队形,由刘老师指导排练了几遍。

很快,前两个学校的节目表演完毕。同学们在刘老师的带领下,按顺序登台,站好合唱队形。随着音乐的响起,担任指挥的刘老师缓缓举起双臂,全班同学认真地演唱,认真地做手语。

今天,刘老师穿了一件大红色的长裙,鲜艳美丽。女生们穿的是白色长裙,左胸点缀着一朵大红花,优雅端庄;男生们穿的是闪亮的宝蓝色衬衣与白色裤子,系一条金色腰带,颇有绅士风度。

站在舞台上,每一个同学都表现得格外认真。同学们声音洪亮,动作一致。嘹亮的歌声在校园上空回荡。下面,评委老师和观众们都尽情欣赏着,享受着。

歌声传播着美丽,传播着祝福。台上的每一个同学,都像一朵小花,在慢慢地绽放。

蓝天、白云、阳光,一个美丽又惬意的日子,同学们一定会记住这一天。

演出顺利结束,在刘老师的指挥下,全班同学缓缓走下舞台。来到换装的教室门口,我们带队的几个老师和全班同学合影留念,大家都十分开心。

在这次演出中,每个同学都拿出了自己最好的状态。总之,努力了,拼搏了,收获了。这个过程,对于我们每个人而言,都是一笔宝贵的财富。

班级成长密码

感动班级十大人物

学生是班级管理的主人翁。只有每个学生都乐于为班级奉献,这个班级才能健康发展,良好运行。为了树立榜样,我班每学年都会评选出从各个方面为班级做出重大贡献的十位优秀同学。

平时渗透

有一天下午,劳动委员让小张同学去擦一下楼梯的墙裙,但他没去。本身他学习就落后,劳动也不主动,那天他的生物作业还没做完,的确事情多,比较忙。于是,他去补作业,劳动委员就派了其他同学去完成。

在上课前,我就值日生劳动的问题谈了一下。我表扬了一些主动、积极地去劳动的同学。

开学初的一天,学校检查各班卫生。我班负责打扫教学楼的一至五层楼梯。小思同学是班上的劳动委员,又是学生会的劳动部长,若出现问题了老师就会找他。那天,他从一楼到五楼不停地打扫、拖地,累得满头大汗也没半句怨言。真的是敬业、负责,值得每位同学学习。

有一次,楼梯上还有点儿碎垃圾,我看见了,让路过的春晖同学去喊当天值日的同学再打扫一遍。春晖同学说,不用喊他们,他去打扫干净就行了。然后,他就去拿来了劳动工具,认认真真地把五层楼都打扫干净了。能主动打扫卫生,很令人感动。

昨天下午第一节课后,二楼楼梯平台上的天花板掉了几块白皮。很多同学都下去了,教室里只有少数学生在做作业或聊天。我走进去,说:"老师也不点名,看你们谁去帮忙把楼梯那儿掉的天花板白皮打扫干净。"只见晓龙同学带头站起来,说:"走哇,去扫吧。"旁边坐的小威、小爽、小亮、小涛等男生都行动起来,去拿劳动工具了。不一会儿,我再从办公室下来时,二楼楼梯平台已经被打扫干净了。

看得出,被表扬的同学心情愉快。表扬完,我说:"这些劳动虽然都是小事,却最见一个人的品质。在一件小事上懒惰,会给人留下不好的印象;而在一件小事上勤快,却会给人留下良好的印象。俗话说:占小便宜吃大亏。又有一句话叫作:吃亏是福。你多干一点儿,可能你得到的比付出的还多。劳动,也是一种锻炼。而且,以后大家投票选优秀、选先进时,肯定会投给那些平时给周围人留下好印象的同学。"

为了培养学生的奉献精神和责任意识,我常常在平时的教育管理中给予思想渗透,并结合学生的实际表现弘扬优秀品质,激励全班学生奋进。

期末评选

期末,在倒数第二节班会课上,我们开展了本学年"感动班级十大人物"的评选活动。

评选之前,我谈了该活动的意义与做法。

"本次评选是针对全班同学的一次监督与评价。这需要同学们平时做好两个方面:一是品德好,能与人友好相处;二是能力强,能把班上的事情做好。每学年末,我们都会评选出十个优秀的同学。他们是在学习、纪律、劳动、体育、文艺等各个方面表现突出的同学。"

"为了提高选票的有效性、代表性、权威性,先由班委会的主要班干部提名自己工作管理中表现优秀的同学,再征求全班的意见,每人选十个自己心目中最优秀的同学。"

讲完后,班干部开始提名,我把被提名者的姓名写在黑板上。这些同学应当从不同的方面,为我班成为优秀班级做出了重大贡献。

然后征求全班意见,就黑板上写的候选人,每人选出自己心目中最优秀的十位同学。

收完选票后,由两位班干部当场统计票数,其他同学自习。下课后,结果基本就出来了。

我又在班上找了五个写作水平高的同学,每人写两份获奖人物的颁奖词,让他们写好后直接把电子稿发给我。

收到每个获奖同学的颁奖词后,我略加修改,然后打印出这十份荣誉证书来。

一切准备就绪,只等下周班会课发奖了。

隆重颁奖

最后一节班会课,我们就评选出的十位优秀同学在班上举行了隆重的颁奖仪式。

黑板上,文艺委员用漂亮的艺术字写着"感动班级十大人物"几个大字,非常醒目。

我首先回顾了评选投票的经过,对被提名的同学表示了肯定,并对本次当选的同学表示祝贺。

然后同学们用热烈的掌声请出两位主持人。

主持人致开场词后,我们按照票数由低到高的顺序进行颁奖。每一回,颁发两位同学的获奖证书。主持人先激情朗诵颁奖词,然后获奖者在同学们热烈的掌声中走上讲台。接着由我为同学们进行颁奖。

颁发奖状后,获奖者要在台上对全班说一句获奖感言。每位当选的学生都非常感谢同学们的支持,并表示以后要继续努力,要更好地为同学们服务。

其间,每颁发两位同学的获奖证书,就穿插表演一个节目助兴。之前,文艺委员已组织好了四个节目,基本都是小合唱,助助兴。

最后,全班齐唱了我班的获奖歌曲《国家》,歌声悠扬婉转,温馨美好。

"我们的班级就像一个国,每个人都在努力把她建设得更加美好。我们的班级就像一个家,同学们就像兄弟姐妹,相互团结,友爱互助,共同进步。希望同学们每一天都有进步,每一天都过得幸福。"

为了鼓励同学们,弘扬正能量,我赞扬了为班级做出贡献的所有同学,并由歌曲《国家》受到启发,用了两个伟大而又亲切的比喻,来结束本次活动。

活动后,同学们也相互传阅那些充满力量、充满激情的颁奖词。相信,无论是孩子,还是家长,看到这样的颁奖词,都会从中受到激励,获得感动。

迎新年联欢会

筹备花絮

12月份的最后一次语文晚自习,我班召开元旦联欢晚会。

下午第二节是语文课。一走进教室,我就感受到了浓浓的新年气氛。教室走廊及室内上方均悬挂了一簇簇的彩色气球,每簇气球由两三个小气球组成。全班同学整整齐齐地坐着,等着我上课。

之前,我知道,班干部希望同学们能自愿捐点儿班费,用来布置教室,但所收甚少。昨天早自习,班长吴雪和文艺委员房蕾上学迟到了一会儿,我问她们是怎么回事。她们说,去超市买东西,用来布置教室。我问她们哪儿来的钱,她们说,自己出的。

我不由感叹,学生举办新年晚会的热情真高。这两个星期,又是排练节目,又是布置教室。但这一切都不能影响学习,迟到了也要按照班规惩罚,尽管她们以前从未迟到过,都是好孩子。

昨天下午,我在班上强调了,准备元旦晚会,不能影响正常的学习活动,只能抽空进行。因为这本来就是我班自发进行的,让同学们轻松快乐一回,并不是学校要求的。

不过,今天上课时,我看到了美好的一面。一簇簇彩色气球烘托出浓浓的新年气氛,一排排端坐整齐的学生静静地等我上课。

有感而发,我谈了自己与以前所教学生在元旦期间的相处情景。上班第一年,可能与学生年龄差距小,我特别受学生欢迎,那时收到的新年祝福卡片最多。记得有一次上课时,我拿着书讲着课,走到了一个男同学的面前,只见那个男同学一直给我塞东西。我很生气地轻拍了一下他,说:"认真听讲!"结果我把东西拿过来一看,原来是一张新年贺卡。那张卡片的正面是一辆奔驰的小汽车,可能是男孩子喜欢汽车吧，背面是给我的祝福。我顿时感到很开心，又愧疚于对那位男同学的误解。

学生们听得津津有味，我说："同学们在节日里相互传递祝福，也别忘了把祝福送给我们班的任课老师们哦。"同学们都笑了。正式上课后，薛丽在背书间隙突然送给我一个漂亮的小气球，上面写着祝福的话语。下课后，舒恺来到讲台边玩，对我说："老师，祝您新年快乐。"有着懂事的学生，多幸福啊。我会更用心、更努力地教导好他们。

难忘今宵

晚上，在食堂吃过饭后，我们期待已久的晚会时间终于到了。我来到教室，只见教室更漂亮了。前后黑板上方各有三簇气球，气球之间悬挂着闪闪发亮的彩带。学生们已经把座位挪好了，教室两侧各坐了一排，后面坐了两排，中间留出了空地。教室的多媒体播放着优美的歌曲。

晚会开始前，我先讲话。我说："希望同学们今天举办的这场晚会做到两点：第一，办成一个文明的晚会。观众认真观看，不大声喧哗；吃了糖果、瓜子等零食后，收好垃圾，不乱扔，保护班级环境。第二，办成一个快乐的晚会。台上的同学认真表演，互动时，台下的同学积极参与。在这里，老师预祝本次晚会取得圆满成功，并提前祝同学们新年快乐、学习进步！在'七彩阳光班'这个温暖的大家庭里，生活得开心快乐，男同学越长越帅，女同学越长越美！"同学们立即给予了热烈的掌声。

"下面有请我们的三位主持人房蕾、薛丽、虞蝶闪亮登场！"又是一阵热烈的掌声。

晚会正式开始了。学生们表演的节目有唱歌、跳舞、魔术、小品等。中间的互动节目有吹气球、踩气球、击鼓传花等。吹气球时，小杰吹了六个，小章吹了四个，学习尖子小天居然一个也没吹起来。踩气球时，小月、小雪的气球是女生中最后被踩爆的。男生中，小伟的气球是最后被踩爆的。

互动环节还有奖品，就是彩色棒棒糖，这都是学生自费买的。另外，学生们还自费买了瓜子、糖果，人人有份。他们还买了彩色喷丝，但是喷到同学身上不太好，我给予了提醒。

最后，晚会在全班同学热热闹闹的走秀活动中结束。男生中，小章、小凯右手向前一指,动作挺帅。女生中,小雯、小月背靠背,双臂交叉的动作也很美。学生们在自由放松的状态下,很有创造力,发挥得很好。

晚会结束后,全班挪好桌椅,班干部留下来打扫卫生。

欢乐延续

后来,还有一届元旦晚会给我留下了深刻的印象。

那回,也是同学们自发组织的。为了让晚会效果更好,同学们自己排练节目,自己布置教室,积极性也非常高。

等晚会时间到了,我走进教室,只见教室里已经五彩缤纷,灯火辉煌。班干部收了一点儿班费,用来购买了彩带、气球、小彩灯等,把教室四周装饰得漂漂亮亮。另外,教室里还多了两位贵宾。原来,这两位家长听说孩子们要举办元旦晚会,就专门过来参加。

这次,主持人还自带了扩音器,声音洪亮,立体环绕,效果果然更棒。在主持人的引领下,同学们表演了唱歌、魔术、小品、相声等精彩的节目。当然,两位家长,主持人也没放过。在击鼓传花活动中,两位家长都为孩子们送上了新年的祝福。其中一位家长还为孩子们唱了一首歌,获得了大家热烈的掌声。在全班互动活动中,主持人准备了红包,送给猜谜语猜正确的同学,大家参与的积极性特别高。

最后,主持人让我评选出我认为最好的节目。我赞扬了所有同学的表演,同时谈到,我个人认为最好的节目是由八个女同学一起表演的小品《公共汽车》。该节目以见义勇为为主题,内容好,有意义,故事情节吸引人,每个参演者都表演得很生动、很用心。同学们都表示赞同。主持人给该节目中的每个人都颁发了一个小礼品,获奖的同学很开心。

在主持人的美好祝福声中,晚会宣布结束。同学们挪好座位,打扫好卫生,才各自回家。

每年年底,我都会给出自己12月份的最后一个晚自习,让学生自己举办元旦联欢晚会。有学习,有玩乐,生活才有意思。再者,开展晚会是一项很有意义的活动。

一则,会让学生们更加热爱自己的班级。每每在放学后,如果我们的晚会还没结束,别班的孩子就会过来趴在我们教室的窗户边观看,无形中增加了每个人的班级自豪感。

二则,孩子们的组织协调能力、口语交际能力、上台展示的勇气、理解能力、领悟能力等都得到了锻炼。这些又何尝没有促进孩子们的进步?

每一年的元旦晚会,各个年级同学的表现都略有差别。七年级的同学积极性最高,举办得最热闹;八年级的同学就显得稍微理性,对节目的要求更高一些;九年级的同学会展望未来,有祝福有憧憬,心灵在不断成长。

总之,每一届的新年晚会都给同学们留下了深刻的印象。

同学们曾在当天的日记中写道:

"这一刻,我终生难忘。"

"在班里,歌声、欢笑声、喝彩声、掌声,汇成了一曲动人的交响乐,由近及远地荡漾开来。"

"虽说这次我们排的节目只有十几个,教室里也没有什么装扮,但是我们的欢乐、我们的友情,是最令人难忘的。"

"我会一直记住它的,它是我人生中最美好的留恋。"

有趣的班级活动

活动课,既能活跃气氛,又能活跃思维,一直深受学生们的喜爱。为了提高学生们的学习兴趣,丰富学生们的读书生活,展现学生们的智慧才能,我经常在班上和学生们一起开展丰富多彩的活动。

巧写《嵌名诗》

"丁零零……"上课了,我走进教室,告诉同学们,今天我们全班一起来写一首诗,表达每个同学的志趣或爱好。

首先,我讲了要求,即每位同学好好思考一下自己名字的意义,然后再把自己的名字镶嵌在一个四字成语里,接着全班同学依次把这个成语写在黑板上,写完后再解释一下这个成语的寓意是什么。例如周旭,旭日东升,寓意为自己要像旭日一样充满朝气,冉冉上升。

全班同学思考、讨论了一会儿后,就正式开始了。从第一个同学到最后一个同学,大家按小组顺序依次上台,写下自己想到的四字成语,并讲述成语赋予了名字什么意义。每位同学都把自己名字的寓意想得很美、很好。有的同学把自己的理想、自己的志趣都寄托在名字里了。班上时时传来鼓励的掌声。

最后全班齐读黑板上由每位同学的名字组成的《嵌名诗》。

当然同学们要求老师也参与,我就写了"剑胆琴心"四个字,寓意为做事要有胆量,做人要有一颗仁爱之心,也获得了同学们热烈的掌声。

我接着讲述了自己名字的来历,又让同学们回家再问问父母,了解一下家长们给自己的名字赋予了什么含义。

本次活动以同学们自己的名字为载体,引导大家树立学习、生活的目标,激励大家更好地前进。

一分钟演讲活动

有一次晚自习,我带领学生们开展了一次一分钟即兴演讲活动。目的有三:一是锻炼学生们上台不怯场的能力;二是培养学生们的思维能力;三是调节学习气氛,享受更为轻松活泼的益智游戏。

活动开始前,我请每个同学在纸条上写下一个题目,再把纸条折好,放进盒子里。主持人用力摇一摇,然后放在讲桌上。

活动开始后,每位同学按顺序依次上台抽取题目,进行一分钟演讲。同学们演讲的内容丰富多彩,但都与自己的生活密切相关。有谈老师的,有谈同学的,有谈时事的,等等,内容丰富多样。大家听得很开心。

我发现,每一个学生都表现得很积极,很认真。上台时,有的学生手拿纸条不停颤抖,有的学生讲话声音微微发颤,还有的学生眼睛一直盯着讲台,不敢抬头看观众,但也有学生表现得很大方,讲得也很生动。

放学后,在回家的路上,不少同学还在谈论着自己抽到的题目以及自己在课堂上的表现。

在第二天的日记里,我看到一些同学说,自己比以前上台有进步了,也敢说几句话了。很多同学都希望今后能多开展这样的活动。

后来,我们又开展了几次后,全班几乎每个人都能大大方方地上台演讲,不再怯场,思维变得敏捷,口头表达能力也增强了。

开展辩论会

有一次,班干部们组织了一场辩论会,辩题是"小错是否会造成大错"。

活动开始了,正反方座位拉开,选手们在教室正中面对面坐着,如同两军对垒。观众们有序地坐在赛场两侧观战。

前半场,正方处于上风,后半场反方有几位同学积极加入,又扭转乾坤,反败为胜。后来,双方因争论太激烈,差点儿吵起来。主持人及时引导,最终顺利完成本次活动。活动结束,我做了总结,主要是肯定同学们的优秀表现,给予鼓励。

课后,班上的任课老师也给予了肯定,说这次辩论会开得很好,辩题非常符合学生实际。我想,这对学生的心灵也是一次洗涤。

模拟毕业晚会

有一次,全班在毕业前利用晚自习,开展了"模拟毕业晚会"的活动。

本次活动要求,每人上台有一分钟的时间,或者给老师同学们说说毕业感言,或者唱一首歌。

那晚的气氛很热烈,大家过得很开心。

亚飞同学说,他以前是个内向的学生,现在变得活泼、开朗了。他说,自己这一年过得很开心,学习也有进步。还转身向站在旁边的老师鞠躬致谢,让人非常感动。

建成同学说,他今年的语文考了高分,也非常感谢老师。

还有凡敏同学(时任班长)的表现也很出色。她为全班同学以及儿时好友、同班同学舒燕编了两首歌。自编自唱,唱得也很好听,表达了对同学的友爱之情。最后她还意犹未尽,说:"虽然我们是普通班的学生,学习成绩一般,但生活并不是只靠学习才能成功。三百六十行,行行出状元。我们班三十二个同学,将来就会有三十二个状元。现在同学们在我说'1、2、3'后,齐喊'九(2)班加油'。"同学们都说好。于是,在她的带领下,全班同学齐喊"九(2)班加油",气氛极其热烈。

这次活动给我留下了深刻的印象,我也表达了对同学们的祝福,希望同学们不论是今天的学习,还是以后的生活,都能过得快乐、幸福。

为学生搭建展示自我的平台

美国哈佛大学嘉德纳教授说:"对于一个孩子最重要、最有用的教育方法是帮助他寻找到一个他的才能可以尽情施展的地方,在那里他可以满意而能干。"在深入开展基础教育课程改革、强力推进素质教育的今天,作为班主任,如何实现"他的才能,尽情施展"这一目标,我一直在探索与实践。毋庸置疑,学生是班级的主人。只有学生进步,班级才会进步。因此,在平时的管理与教学中,我努力让班级成为每一位学生尽情展示自我的平台。

营造班级文化平台

文化对人的影响是潜移默化的。优秀的文化氛围能激发学生积极上进的情感。苏联著名教育家苏霍姆林斯基也说:"要让每一面墙壁、每一棵植物、每一个景点都尽量发挥育人的功能。"因此,在营造书香班级的过程中,我让学生们自己动脑、动手,设计班级教室。让教室成为学生们展示自我才华的平台。

在教室大门上,学生们设计出了我们的班名、班徽、班训。那时,我们的班名为"奇迹班",大家希望能为班级创造奇迹。班徽呈圆形,由麦穗围绕而成,寓意为只有播下学习的种子,才能收获饱满的果实。圆内是楼梯和太阳。楼梯暗示同学们,读书学习是人类进步的阶梯;初升的太阳象征着每位同学都朝气蓬勃,努力向上。该班徽由两位女生设计。我们的班训为:做成长最快的班级。没有最好,只有更好,每天都要有进步。这也是我们的班级定位。班名、班训由班干部们共同讨论设计。在室内,几位男同学在每面墙壁上方整齐地张贴了一些格言警句,以激励同学们进步。在室外,几位心灵手巧的女生在墙壁上还设计了"佳作欣赏""书画园地""小组排行榜"等栏目。学生们每周的优秀作业在这里不断更新。

在小组文化建设中,学生们各自发挥出自身的潜力,为本组设计了非常有激励性的组名、组徽、组训等。例如桃李组的组训:做人要淡定,做事按规定,学习要稳定,优秀是必定。飞车组的组训:奋斗第一,速度竟胜。朝阳组的组训:效率高一点,抱怨少一点,做事多一点,借口少一点。雄鹰组的组训:团结友爱,互相帮助,永争第一,必胜!追梦组的组训:日月星辰,唯我独尊,追梦小组,霸气长存。该组目标:脚踏实地,勇夺第一。为了实现本组目标,为了争当每周的冠军小组,各小组还自行讨论设计了本组的组规。

在营造班级文化氛围的活动中,有的同学出谋划策,有的同学善于设计,有的同学善于张贴。不同的学生发挥出了各自不同的优势,每一个学生的才能都在这里得到施展。

创设课堂学习平台

学生是课堂学习的主人。只有让学生动起来,课堂的效率才能提高。把课堂还给学生,让课堂成为学生们展示自我才华的平台,他们一定能给老师意想不到的收获。现在,我们开展了高效学习小组合作与竞争的学习模式,每堂课让小组展示,给小组评分,激发学生的学习积极性。

通过平时的上课表现,我发现小组间合作与竞争的学习方式激发了学生们学习的积极性、主动性,能变被动学习为主动学习。真是,有竞争才有动力。"积极倡导自主、合作、探究的学习方式"是新课程的基本理念之一。采用这种自主学习方式,学生们的竞赛展示起到了良好的效果。

学习《从百草园到三味书屋》时,我让学生找出文中的精彩段落或句子并赏析。这次我让学生们不必举手,自己直接上台展示,结果学生们跃跃欲试。为给本组拉分,许多学生都提前准备,抢着上台,对课文内容分析得也挺到位。小组竞争激发了组员的竞争意识,所以学生们会抢着上台展示。

学习课文《丑小鸭》时,我让学生赏析文中的各类形象,学生们的展示也让我一饱耳福。首先是分析主人公,学生们分别说道"我看到了一只坚强的丑小鸭","我看到了一只自卑的丑小鸭","我看到了一只有理想的丑小鸭",等等。接着分析其他形象,学生们分别说道"我看到了一个善良的农夫","我看到了一个贪财的老太婆","我看到了一个不负责任的鸭妈妈",等等。学生们说得有理有据,几乎把该课文中涉及的各类形象都分析完了。其中说得不够准确的地方,也有学生给予质疑与补充,共同探讨出结果。

把课堂还给学生,让学生们自主学习后再到班上展示,能充分调动起学生们的学习积极性。学习《假如生活欺骗了你》这首外国诗歌时,学生们学习的积极性几乎都被调动了起来。在展示背书环节,我班一、三组全员上台背诵,得了满分。在这里最值得表扬的是第一组。第一组刚分组时,组长屡次向老师抱怨他们组的人都不爱说话,平时得的红旗最少。不过,该组长是个争强好胜的人,她总是积极鼓动组员上台。结果在她的影响和带动下,她们组的组员全都上台展示了。尤其是平时从来都不回答问题的两位男生也主动走上了讲台。其实只要有舞台,这些学生还都挺有展示欲望的。

把课堂还给学生,让学生在这里学习展示,学生们的表现将会更好。优秀的学生能起到引领作用,普通的学生能得到提升,后进的学生能得到带动。这样,在成为自己学习的主人时,学生们也拥有了学习的兴趣。

搭建精彩活动平台

活动凝聚人心。经常开展丰富多彩的课内外活动,让各级各类的学生都得到参与和锻炼,班级的凝聚力和向心力才会得到提升。因此,我常常和学生们一起开展丰富多彩的活动。

开学初,在学校组织的大型活动"文明礼仪课本剧表演"中,我班各小组积极参与。从选剧本、选演员,到反复排练,学生们进行了无数次打磨。最终第一小组的小品《校园那些事儿》获一等奖,第四小组的快板《文明礼貌用语新解》获二等奖。全班同学都很高兴。

去年12月底,我班学生自己准备,利用语文晚自习举办了"迎新春联欢会"。晚会中,有唱歌的,有表演小品的,有进行诗朗诵的,还有精彩的武术表演等。中间还穿插了两个互动游戏——画鼻子、说牛,挺有趣。次日,通过批阅学生们的日记,我发现学生们很喜欢此次活动,感觉适当开展好活动课能增强班集体的凝聚力和向心力。例如薛松同学说:"这个晚会是我一生最难忘的晚会。我会永远记住这次晚会,永远记住一班,永远记住我的好同学们。"

平时,利用班会课和晚自习,我还引导学生们开展各种各样的活动。有的同学主持了"文明美德伴我成长"演讲会,有的同学主持了以"成长的烦恼"为主题的活动,有的同学主持了以"黄河,母亲河"为主题的活动,有的同学主持了以"我也追星"为主题的活动,有的同学主持了"走进名著,启迪人生"的读书报告会,等等。在活动中,每个主持人得到了锻炼与成长,其他同学的参与积极性也很高。

为学生搭建精彩的活动平台,于不知不觉中,学生们既提高了学习兴趣,又丰富了读书生活,还增加了对班集体的热爱。

新课程强调:给孩子一些权利,让他们自己去选择;给孩子一个条件,让他们自己去锻炼;给孩子一些问题,让他们自己去探索;给孩子一片空间,让他们自由地飞翔。为了真正把学生的潜能发挥出来,我们一直在班级为学生搭建各种展示自我的平台,使学生在学习生活中感觉轻松、愉悦、新奇,充满自信,不断进步。

(原载于《襄阳班主任谈班级管理艺术》,湖北人民出版社,2013年1月,有改动。)

第三辑

学生能力，在实践中培养

能力为生存之本

上午第二节,语文课。刚上课,就只有小天同学举手回答问题。见状,为了激励全班同学,我谈到能力比分数更重要。

"有人说,当你毕业后,把所学知识都忘掉的时候,剩下的就只有能力了。分数不会伴随你一辈子,能力才会伴随你一辈子。"

"同学们不要只觉得考高分很重要,其实培养好自己的各种能力更重要。能力强的人,学习成绩一定不会差。"

"从人的本性来看,每个人都希望自己成为公众的焦点,都希望自己成为英雄人物。没有人天生就希望自己永远默默无闻。"

"所以,同学们在课堂上要勇于展示自己,培养自己的勇气,培养自己的口头表达能力,培养自己的分析能力等。参与越多,收获越多。"

"能力比分数更重要。能力的培养就在每一天每一节课点点滴滴的学习当中,你要把握住每一个属于自己的机会。比较简单的问题,例如基本不用动脑筋的朗读,你就应该勇于举手,积极展示。努力让自己在一次次的锻炼中尽快成长起来。"我说道。

一番鼓励后,陆陆续续有人起来回答问题了。当然,平时经常回答问题的同学总是抢答得快些。于是我又补充:"生活有时就是这样,强者未必会让着弱者。第一次想站起来回答问题的同学肯定比较紧张,动作会慢些。但是你必须自己想办法去争取机会,去超越强者。否则,你会永远止步不前。只要多锻炼一下自己,你就能做得更好。"这样一说,同学们举手回答问题更积极踊跃了。当然,老师肯定会多关注、多锻炼后进生。每个孩子都应该得到更好的成长。

能力是如此重要,陪伴孩子们的一生。作为老师的我们,如何能不重视培养孩子们的能力?

生活中,我们听说过许多高分低能的人。

例如湖南有一位16岁的研究生,到大学求学的时候,离开爸妈的照顾,生活居然不能自理,被学校劝退。

战国时期,赵国名将赵奢之子赵括,年轻时学兵法,将兵书背得滚瓜烂熟,谈起兵事来父亲也难不倒他。但后来他接替廉颇为将,在长平之战中,只知道根据兵书上写的去做,不知道变通,结果被秦军大败,全军覆没。这就是所谓的"纸上谈兵"。

生活中,我们也听说过许多低分高能的人。

例如文学家列夫·托尔斯泰,艺术家贝多芬、罗丹,政治家拿破仑、丘吉尔,科学家爱因斯坦、爱迪生、牛顿、达尔文、瓦特,等等,均属"低分高能"的人物。他们在学生时代都是带着差生帽子度过的,但后来却都成了举世闻名的人物。

我国著名的文学家沈从文、科学家华罗庚等,也都曾是班上的落后分子,最后却为社会做出了卓越的贡献。

当然,生活中也有许多高分高能的人。

例如我们的前国家主席胡锦涛,美国前总统奥巴马,还有科学家钱学森,央视著名主持人水均益、欧阳夏丹等,都曾是学校里的优秀学生。

可见,分数只是在学校里显得很重要。走向社会,更重要的是一个人的能力。一个人的综合素质如果在学校里、在读书期间就被发展得很好的话,他走上社会后成功的概率会更大。

因此,我们要目光长远,关注孩子们的综合能力培养。平时,看看孩子们是不是待人和善,有良好的人际关系;是不是办事利索,无论是家里的事,还是班上的事,或者学校的事,都能处理得让人满意。总之,只有具备较强的能力,才能获得美好的生活。在学校里,自主学习的能力、团结合作的能力、口头表达的能力、随机应变的能力、总结点评的能力、组织安排的能力、监督检查的能力、打扫卫生的能力、宣传设计的能力、主持活动的能力等等,无不渗透在孩子们学习生活的方方面面。

十年树木,百年树人。能力强的孩子才能成长为一个优秀的人才,才能拥有更多的幸福。所以,我们平时要随时注重培养孩子们各方面的能力,让孩子们健康、快乐地成长。

有一种爱叫放手

著名教育家陶行知说:"教是为了不教。"新课标也不断强调,教师要善于放手,让学生学会自主学习,充分发挥出学生的主观能动性。

有一种爱叫"放手"

小晶是班上的语文科代表。她是一个大方、活泼、有正义感的女孩,尤其是在工作上大胆、负责、认真、细心,这给我们办公室的所有老师留下了深刻的印象,也给我的教学工作带来了极大的方便。

我带两个班的语文。早自习两个班一起上,小晶就会一边学习,一边监管纪律,有任何开小差的同学,她都会上前制止。记得有一次晚自习,其他老师有事调了课,两个班一起上语文课。我发了一套试卷考试,由各班语文科代表坐在讲台监考,我随时巡视。只要一有人东张西望或夹带,小晶就会上前制止,同学们也都比较听话。据课后反映,没一个同学作弊成功。

记得一次期中考试结束后还需上一节课,是上午第四节的语文课。小晶在班上组织了一场文艺活动,有唱歌的,有讲故事的,有猜谜的,等等,同学们自由表演,临场发挥,居然搞得挺好。台上的表演认认真真,台下的观看安安静静,不时传来热烈的掌声,吸引了我们好几位老师过去观看。甚至课后有学生在作文中说这是初中以来最难忘的一次活动。

时间一长,小晶在工作上就更有方法、更有经验了,同学们也都愿听她的话,她在班上也就更加有威信了。记得她在一篇作文中写道:刚开始当科代表时我觉得全班同学就像一头大象,而自己却像一只弱小的蚂蚁,他们未必会听我的话,可我不怕。经过我的努力以及老师的帮助,我慢慢变得强大起来,对自己有了信心。只有战胜自己,不怕挫折,才会成功。

有时候,我觉得作为学生她管的事太多,比较辛苦,怕影响她学习,又有点儿不放心,就开始事必躬亲。背书自己督促,作业自己收查,纪律自己监管,却发觉她竟无事可干了,学习劲头也没以前积极了,而我自己却忙得不得了。这时我才明白,作为老师,适当地放手实际上是对学生的锻炼。只有当学生感到自己是班上的主人翁时,他们才会积极学习,努力工作。

所以,勤奋的老师啊,适当地放开你紧握的双手,给学生一定的时间、空间,相信他们会做得更好。

从"扶着走"到"放手走"

我是一个"懒"老师。在平时的教学与管理中,我不断尝试与探索,慢慢让学生由教师"扶着走"过渡到"放手走",逐步实现学生自我学习、自我管理的良好局面。

小辉:在课堂上成长

现代课堂注重发挥学生学习的主观能动性,要求教师去唤醒学生、点燃学生、解放学生、发展学生。的确,学生是学习的主人。学生只有去主动学习,才能提高学习效率。为了更好地把课堂还给学生,每学期我都会安排几节课,让学生来当小老师。在实践中,学生明白了,只有精心备课,才能把课上好。

有一次,小辉同学带领全班上了一堂文言文探究课《马说》。我就坐在他的位置上,体验当学生的滋味。

在该节课里,小辉同学安排了三个学习步骤:朗读课文→翻译课文→分析课文。导入时,他给同学们讲了一个伯乐与千里马的故事。可以说,与老师的导入不相上下,我不禁感叹学生的潜力真是无限。每一个问题,小辉都不会直接给出答案,而是请同学们来回答,共同探讨。

作为小老师,他既要判断同学们的答案是否正确,又要关注全场纪律,还要在黑板左上方的"课堂评价表"上给每组打分,着实得到了很好的锻炼。

而作为老师的我,则主要是在同学们偶尔出现问题或不足时,及时地给予点评或补充。

讲课结束后,我请其他同学给小辉的表现打分,有两位学生代表都打了90分,既给予了充分肯定,又指出了少许不足,有利于小辉今后提高讲课能力。

后来又有几位学生陆续讲过几次课。就这样,课堂上师生角色转换,形式新颖,提高了同学们的学习兴趣和学习效率。

小霞：在管理中进步

本学期，在自我推荐和同学们的选举中，小霞当上了语文科代表。从此，她就很负责任地承担起了这一工作。

每天，她都会在专用本上把全班完成语文作业的情况记录得清清楚楚。在她的严格管理下，同学们基本上天天都能交齐作业。偶有迟交的，她也会催促其在最短的时间内上交。

她常常及时来到办公室，把老师刚改完的作业发下去，或帮老师把上课时要用的试卷等资料发下去。

在我班的活动课和写作点评课上，她总是想办法提高同学们的学习兴趣。

例如，她开展过"小错是否会造成大错"的辩论赛。课后获得其他老师好评。在她组织的活动课上，我发现了班上同学的多才多艺。小杰、小炎会表演魔术，冬冬、尧尧会唱歌等，学生们的这些才艺是我带他们这一年来首次发现。

在写作点评课上，她发现同学们都不爱举手上台念自己的作文，于是就想到了采取击鼓传花的形式来进行。结果写作点评课气氛很活跃，轮到谁，谁就很积极地快步走上讲台，认真展示自己的作文。

她很负责任的这一优秀品质，给老师和同学们都留下了深刻的印象。

我常常跟同学们讲，当班干部有助于提高学习成绩，因为他总是在动脑筋想办法做事，无形中提高了自己的智力和能力。

临近中考，在一次语文中考适应性考试中，有不少同学考了高分，包括小霞。第二天我表扬了这些同学，尤其重点表扬了小霞。120分的试题，她考了97分。虽然刚上高分线，但这对她来说已经是很大的进步了。

我也曾在班上说过，小霞的语文成绩一定会从仅仅及格的档次，上升到高分的。没想到她就在本次考试中，获得了高分。这次考试对她本人来说，一定是一次很大的激励。

在课程改革不断深化的今天，老师只有善于放手，才能真正让学生的潜能发挥出来。在班级里，多多培养学生自主管理、自主学习的能力，学生才会在学习生活中感觉轻松、愉悦、新奇，充满自信，不断进步。

（原载于2005年7月17日《襄樊日报》，有改动。）

班级成长密码

班干部,在锻炼中成长

班级卫生代表着一个班级的形象,非常重要。俗话说:"雁行千里靠头雁。"要想把班级的卫生抓好,必须选拔出合适的劳动委员。优秀的劳动委员既有较强的工作能力,又能起到模范带头作用。这几届,我班的劳动委员都非常负责任,为给同学们创造良好的学习环境立下了汗马功劳。

我班的劳动委员,有的是毛遂自荐,有的是同学推荐选拔出来的。

初一新生刚入校,我们都不太熟悉。这时候选拔班干部,让同学们毛遂自荐或同学推荐会比较合适。因为毛遂自荐的劳动委员,本身就热爱劳动,能带头把班级劳动做好。而同学推荐的劳动委员,必定是从前当过这方面的班干部,而且做得好的。这些同学往往能很快胜任班级的卫生管理工作。

小佳是一个爱劳动的女生。刚入学,在选班干部时,她主动举手要求当劳动委员。上任后,她果然不负众望,每天都带领着值日生及时认真地打扫班级卫生。每次学生会干部来班上检查卫生前,她必定会先检查一遍我班的卫生,以确保班级的卫生常规检查很好。对于这一点,我总是很放心。因此,学年末,她被选为"感动班级十大人物"之一。同学们给她的颁奖词是:"她,一位任劳任怨的劳动委员。她,活泼、开朗、乐观。劳动委员所要承担的责任一点儿也不轻,而她,总是井井有条地组织好同学们做卫生。身为劳动委员,她不但不利用职权减轻劳动负担,反而是全班劳动最多的!她总想为班级争光,为我们班级营造一个干净的学习环境。"

小章是一个负责任的小男生。刚入学时,我让班长去征求同学们的意见,然后选出各个班干部。结果,同学们都推选小章当我班的劳动委员。跟他上过同一个小学的同学说,他以前就是班上的劳动委员,而且一直都在当。估计,在老师眼里,他是很称职的。一个学期下来,他果然做得很好。作为我班在操场清洁区的负责人,他每天早上和中午都带领值日的同学及时打扫好校园卫生。常常,在我来学校上班的时候,我班的清洁区已打扫得干干净净了。对此,我很满意。有时,他还帮助负责教室卫生的副劳动委员,加强对教室的清扫。

我班的劳动委员,还有的是被老师发现或想尝试培养,而被选拔并成长起来的。

在长期与学生打交道的过程中,老师会慢慢熟悉每个学生,并根据每个学生的发展特点,再配合班级的需要,及时地调整班干部的设置。有的同学平时默默无闻,但很擅长劳动,需要老师的提携,他才能得到更好的成长;而有的同学平时比较聪明顽皮,需要赋予一定的责任,让他懂得约束自己,从而快速成长起来。

小松是一个学习中等的学生。平时,他总是默默无闻。但每次轮到他值日扫地时,我发现他扫得特别干净,特别认真,是最让人放心的。他有一个龙凤胎妹妹,也在我班。通过与他妹妹聊天,我才知道这与他在家里的表现密切相关。他们家是单亲家庭,爸爸因公去世,妈妈独自带着这兄妹俩。平时家里扫地、拖地的活儿,基本上全是小松做的。他在家里是个很勤快的孩子。后来,因为班上的清洁区较多,劳动委员忙不过来,大家就推荐小松做副劳动委员。自从他上任后,班级的教室每天都能及时打扫得干干净净,劳动工具也摆放得整整齐齐。好的班干部也带动了同学们去学习,去把自己的活儿干好。

小思是一个聪明又顽皮的学生。据他的父亲说,他从未担任过班干部。他很有个性,对周围同学的任何评论都不在乎,但也跟同学们合得来。清扫卫生是班级里的大事。当时,班上的劳动委员很称职,但还应有个副手,才能忙得过来。于是,我打算让他尝试一下,锻炼锻炼。一个优生从没当过班干部也是一种遗憾。后来征求他的意见,他也同意了。就这样,他主要负责教室与走廊的卫生。每天我来上班时,总看到教室里面被打扫得很干净,劳动工具也摆放得很整齐。平时他总是积极扫地、擦黑板,勤快的样子,一点儿都不像被娇惯的孩子。他的责任心越来越强,进步越来越大。学年末,他被评为"感动班级十大人物"之一。同学们这样评价他:"他是一个普通又有些顽皮的男孩,但他对自己的学习、自己的工作认真负责。一年来,他迅速从普通同学成长为班上的劳动委员、学校学生会的劳动部长。辛勤劳动,他志在服务同学;认真探究,他志在学业有成。奉献,从上任时起;努力,从不懈怠。遥望苍穹,他是最亮的星。"

一届又一届的劳动委员,用他们的辛勤劳动服务同学,服务班级,为我班成为优秀班级做出了很大的贡献。榜样的力量是无穷的。在班级管理中,我非常注重选拔、培养合适的班干部,让班干部成为老师的得力助手,让他们在班级发展中起到积极的引领作用。"世有伯乐,然后有千里马。"作为班主任,我们应当是伯乐,善于发现并培养千里马,让学生各尽其才,快乐成长。

激励培养，让优等生更优

一个班级肯定有优生，但是真正的优生离不开老师的培养。只有在老师的帮助与指导下，优生才能在各方面快速成长起来，真正成为品学兼优的学生。

踏实的小雅

小雅，是我班一名踏实、认真、负责的女生。

在一次作文中，她曾说自己小学时从未被老师重视过，从未当过班干部，成绩也只是中等水平。但在进入初中后，她一步步从英语科代表成长为班长。

学习上，她认真踏实，努力进步。

初一入学后，我发现，虽然她的成绩总体还比较好，但总爱犯低级错误，总是因为失误把自己会做的题目做错。针对每次出现的问题，我及时给她指出了改进办法。在反复强调几次后，她终于有了进步，失误率几乎为零。

后来，我发现她的基础很扎实，却不会写作文。她的作文经常没有章法，非常混乱，总是想到哪儿写到哪儿。不过她很聪明，我点拨了几次后，她就领会了优秀作文的写法。该学期最后一个月，她的作文写作水平已经有所提高。期末考试时，她的作文扣分在五分以内，上了优秀线。此后，她的写作水平一直保持稳定，还经常在各级各类作文大赛中获奖。

小雅不但自己努力学习，还积极帮助同学。很多同学都说，如果自己有不懂的题目去问她，她总是不厌其烦地给自己讲解，直至自己听懂。有时候，问问题的同学都不好意思再麻烦她了，她也还是耐心地继续给对方讲清楚。因此，她也获得了同学们的喜爱。

初一上学期，我发现她思想素质良好，学习态度扎实，具备当班长的潜力。于是，利用课余时间，除了指导她的学习外，我还鼓励她去竞选班长，让她多做些准备工作。

结果,在下学期的班长竞选中,她以绝对优势获胜。她为人热情又谦虚,成绩又很优秀。同学们都认为她是我班最适合当班长的人选。

有一个周末,小雅与小玉两位女生的当周个人打分并列班级第一。此事由小雅负责,不知她会把优秀学生的荣誉给自己,还是给小玉同学。我一直在忙着,也没时间去问小雅当周的优秀学生是谁。

等到星期一学校升国旗,主持人念到我班上周的优秀学生是小玉同学时,我想,像小雅这样的同学,如此高风亮节,实在难能可贵,难怪她在班上的声誉一直都很好。每次竞选班干部投票时,她的票数总是最高,而且遥遥领先。"一花一世界,一叶一菩提。"小事最见人品。她总是用她的实际行动,一次次让我们在心里默默地佩服、赞赏。

平时,不论学校安排了什么任务,再难,她也总能按时完成。这一点,给大家留下了深刻的印象。她的辛苦付出,大家都看在眼里。在学校里,她主持了星期一升国旗仪式、"文明美德伴我成长"主题演讲比赛等活动,获师生好评,被学校评为"管理之星"。在日常工作中,她总是踏实肯干,不断地提升自己的管理能力。

一次次的锻炼,让她慢慢地成长起来,成为同学们心中的优秀学生。在我班的年度"感动班级十大人物"评选中,同学们赋予她的简历和颁奖词为:

【简历】

她有着一个化蛹成蝶的少年经历。上小学的时候,她的成绩并不算优秀。但升入初中后,她刻苦努力,学习踏实,把握住每一分每一秒认真钻研。终于,皇天不负有心人,她在我们班脱颖而出,成为班上以及年级数一数二的好学生。她是一班之长,总是默默地为班级付出。她做事积极认真,能高效地完成老师布置的各项任务;她学习认真踏实,喜欢钻研探究,一丝不苟的态度成就了她优异的学业。

【颁奖词】

她是一块金子。她,为人善良,落落大方,乐于助人,心胸宽广。在小学里,她被泥土无情地遮盖着。上了初中,在她自身的努力以及老师的帮助下,她成了众人瞩目的"明星"。如今,她已然是一块熠熠闪光的金子。

她用自己的拼搏,改变了命运;她用自己的奋斗,谱写人生的乐章;她用辛勤的汗水,浇灌了美丽的人生。那变幻的旋律,正是她努力飞翔的轨迹。

开朗的小君

小君,是我班一名活泼开朗的男生,成绩优秀但不够踏实。

进入八年级后,开学两周以来,在课堂小检测中,他错误频出,还没有中等成绩的同学做得好,很不应该。

昨天下午的课堂作业,有几个学生没有完全改正,还有错题,今天上午课间,我把这些学生叫到办公室自己改错并逐个进行批评教育。其中也有小君,他漏了一题没写完。题目对他来说很简单,他肯定会做。改好后,我让他等着,其他同学都完成任务后,才跟他好好交谈了一番。

什么是优生?那就应该是品学兼优的学生。我主要从学习与品德两方面来开导他。

学习上,他态度不够踏实,过去也曾这样。今年一开学特别不好,几门任课老师都反映他学习效率很低。如此的表现,很令老师们担忧。虽然上学期他考了年级第一,但从全市的角度来看,危机还是很明显的。我校属于一般中学,其他学校优生更多。须知,天外有天,人外有人。我再次强调了这个问题,并对他的学习提出了更具体的目标。

再说说品德,他给大家的感觉就是有点儿自私和骄傲。关于骄傲这一点,我告诉他一定要做一个谦虚的人,这样大家才会喜欢。至于他的自私,我给他举了小雅同学的例子。小雅在学习上虽没有他突出,但态度踏实认真,最难能可贵的是她乐于助人,愿意不厌其烦地给同学讲解题目,很令同学们感动。而他则只顾自己学习,不愿帮助他人。其实,最大的自私是无私。我举了三个名人的例子,鲁迅弃医从文,孙中山天下为公,周恩来为中华之崛起而读书。他们无私地为人民做事情,人民就把他们抬举得很高很高。

最后我说:"老师们用心良苦,都希望培养好你。你是一棵好苗子,一定不要辜负老师们的希望。学习要踏实,做人要无私。身为副班长,要多为同学们服务。在生活中一点点锤炼自己的品性,让自己越来越好。"

我稍加点拨,小君立刻就明白了该怎么做,并表示今后一定做好。其实,作为学生,他觉得自己也没骄傲,也很踏实。真是当局者迷,旁观者清,他自己真的感觉不到。有时候,大家的评价他也并不在意。

这是一个幸福的孩子,平时家长也很关心他。他的爸爸每天晚上来接他放学,时常跟我了解他的现状。一周后的一天晚上放学后,我在办公室整理试卷,小君和他爸爸上来了。他说,爸爸要问问老师他最近的表现。我对他爸爸说,挺好,上次批评后,现在表现又好了,又恢复了正常,每次的小检测又能跟过去一样,基本全对了。其实,孩子平时遇点儿挫折,今后的路会走得更稳。我们边下楼边说话。听说孩子进步了,他爸爸也很高兴。

从入学开始,他的学习就这样在老师们和家长的关注下,一点点地进步。同时,他的能力也在一次次的活动中慢慢提升。七年级他参加了区教育局组织的诗歌朗诵会活动。他的朗诵水平不错。在一回回的训练中,从情感、声音、动作等方面不断加以改进,他的朗诵水平又进一步提升。在课堂上,我们也经常听到他深情的朗读,抑扬顿挫的声音给我们带来美的享受。八年级他参加了区里组织的青少年"党的历史我知道"演讲比赛。经过老师的一次次辅导,他的写作能力进步很快。参赛演讲稿也是他自己写的。通过比赛,他得到了一些演讲方面的锻炼,思想上也有了提升。这说明,一个孩子所参与的舞台越大,收获也会越多。

其实,没有完美的人,孩子总是在磨炼中成长。他也一直都是同学们心中优秀的学生。在一年一度的"感动班级十大人物"评选中,同学们给予了他很高的评价:

【简历】

从入学考试的年级第五名,一直进步到班级、年级第一;从入学时的数学科代表,一直进步为学习委员。月考、期中、期末,他总是取得好成绩。年级第一在我们班,为班级增添了不少光彩。他,是我们班的骄傲。

八年级他荣任班长,主管班级纪律。每次自习课上,他都会主动带领同学们完成老师布置的学习任务。学习上,他认真努力,是班上的佼佼者;生活上,他开朗活跃,与同学们相处融洽。

【颁奖词】

当一次次年级第一的荣誉降临在他身上时,他并没有骄傲;当一次次的失败打击降临在他身上时,他并没有放弃。永不言败,已成为他为我们班做的最大激励,已成为我们的班级精神。

人最大的富庶在于爱和信念。困难没有阻挡他的热情,声誉不能改变他的信念。他对学习的负责,对生活的自信,让我们相信:精神无敌。

细心指导，让普通生进步

在学校里，大多数孩子都是普通学生，但是他们有进取心，又热爱集体，乐于奉献。在自身学习，或是在班级管理上，他们往往是"心有余而力不足"。这就需要老师给予细心的指导，帮助他们进步。

积极的小颖

我班有很多留守学生，小颖就是其中的一位，她从小一直跟着姥姥生活。

她成绩中等，但热爱班集体，很有工作热情。从默默无闻到成为学习委员，她一直很努力。

她经常在早自习前，带领同学们进行晨读；每天在早自习后，还督促未完成作业或作业质量不合格的同学补起来，不辞劳苦。在工作方法不当时，我和她姥姥都会及时给予指导，帮助她进行改善。同学们都说她是一位非常负责任的班干部。

平时，小颖的嗓门很大，有时在外面都能听到她在教室里训斥同学。一天上午，利用课余时间我在办公室给她指出了这方面的问题，希望她能不吼不叫地管理好同学们，要动脑筋想办法。例如，在各项学习任务的管理上，要学会安排科代表或者组长去做事。每人分担一点儿任务，会让班干部做事的效率提高，减轻自己的负担。

有一次，我听说班上放学很久后，教室里还有学生。于是，当天下晚自习后，我专门到教室督促放学。来到班上一看，其他学生都回家了，教室里有一个男生在写600字的课间犯错的思想检查，而作为学习委员的她和班长一起在旁边监督。因学生太晚回家不好，我让该男生回家去写，明天来了交给班长。既然两位主要的班干部都在场，我又正想找她们谈话，于是，我们锁了教室门，边走边说。我提醒她俩平时要注意工作方法。

在管理上，她有些过于积极。有一次，同学们反映，她管得太宽了，有些不该她管的事情，她也在管。例如，纪律、劳动、做操，这些本应该由班长、劳动委员、体育委员来管，可她看见了，也上去管。愿意积极参与班级管理，是好事，但做得过头了，就不好了。于是，我找她谈话，告诉她，要弄清自己的职责，先把自己该负责的事情管好，以后能力强了再去竞选班干部，去管更多的事情。明白了这个道理，她就懂得了应该专心管好自己的事情。每个人都把自己的事情做好，才是对班级最大的贡献。

尽管小颖有一些不足，但她的积极负责给同学们留下了深刻的印象。经过一次次的锻炼，再加上老师的帮助与指导，她的表现越来越好。

在老师和同学们的关注中，她的学习也表现得不错。

课堂上，每一次的小测试她几乎都能做到全对，但遇到综合考试时，她却总难上优秀线。我仔细地分析了一下她的问题，发现她有点儿马虎，写作能力略欠缺。课余时间，我经常找她谈话，指导她加以改进。就这样，她一点点地进步起来。

在我们班级的写作训练中，她认真学习，领悟了写作方法，不少作文都写得挺好，其中，还有一篇文章经过老师的修改与指导，在本市的晚报上发表。

不知不觉，一个学期的学习生活已经接近尾声。在期末考试中，小颖的语文成绩上了优秀线，真令人欣慰。要知道，她过去的成绩一直都是在及格线之上与优秀线之下徘徊，比较令人懊恼。还好，在老师的重点辅导下，她终于进步了。

看到小颖，我想到了这样一种考试现象。在许多普通学生中，有的同学平时的成绩总是不太好，但大考时却考得很好；而有的同学平时的成绩总是很好，但大考时却考得不好。而小颖就属于前者。这是因为，如果考前成绩不好，可以暴露问题，及时改正；而如果考前成绩太好，就发现不了问题，导致大考时遇到不会的问题就只能束手无策。

记得那次期末考试前的元旦假期里，她给我发短信说，她一定会好好复习，不辜负老师的期望。她果然做到了。

平时，遇到教师节、妇女节时，她总会给我送来一枝鲜花，并在贺卡中表达对我的感谢与祝福。这真是一个有心的孩子，很可爱。

叛逆的小茹

小茹，是一个看似文静，实则叛逆的女生。进入青春期的她变得有点儿叛逆，不爱听父母啰唆，可父母又管得紧。

有一天晚上放学后，她的父母来到办公室找我交流。通过谈话，我得知，她悄悄拿了妈妈的钱买手机。妈妈当场很生气地对她说："以后再这样，读完书后就再也不管你。"我劝她妈妈不要说根本不可能做到的事，又对站在旁边的小茹说："有父母管的孩子是幸福的。你看那些父母没在身边，或者没父母管的孩子多可怜。所以，你要听从父母对你的教导。"又谈了一会儿孩子的在校表现后，我们才离开办公室。走之前，我反复强调，犯了错只要改正就是好孩子。

青少年时期，是一个孩子渴望了解世界，渴望学到智慧，渴望心灵成长的黄金时期。为了让孩子们学到终身有益的智慧，我开始在班上带领全班学习国学经典。首先我们学了一篇《弟子规》，此文开头就谈了孩子应当如何与父母相处。学完前十句，我请全班按小组顺序依次上台，分享自己的学习体会。

每个同学都谈得很好。其中，小茹最喜欢的一句话是："父母教，须敬听；父母责，须顺承。"她说："以前，父母每次教导我，我都没用心听。在我做错事时，父母责备我，我也有些不愿听。学了这句话后，我明白了：父母教导我时，应尊敬父母，专心听他们讲话。以前犯错误，每次都忘了改正。现在做错事，我会及时纠正错误。"又过了两个月，她妈妈打电话问生活费的事情，顺便谈到，她在家里也比以前懂事了。

当时，因为班干部们都比较忙，班长提议让小茹当劳动委员助理，负责管理讲台与黑板的卫生。我同意了，当然，小茹也很想当班干部，愿意为班级服务。我就跟她强调了这块工作具体应当怎么去做好。

第二天上课时，一走进教室我就发现讲台被擦洗得很干净，旁边的一把给老师们坐的椅子也被擦洗得很干净，明显用清水洗过。看得出来，抹布都还是湿的。我笑着问："是谁擦的啊？"只见坐在讲台下的小茹不好意思地微笑着，用手指指自己。我立刻表扬了她："做得真好！"

又过了一个月，我在上课时突然发现黑板左上角多了一小块设计："今天×××擦黑板"，并框了起来。旁边还多了一句："距离期末考试还有××天"。另外，黑板左侧的"高效课堂评价表"中模糊的数字与表格也被重新描写清楚了。从字迹上，可以很明显地看出来，这些都是小茹做的，她的书写很漂亮。这孩子还是蛮有工作方法的嘛，能在自己所管的工作上发挥出主观能动性，积极改进自己的管理方式。

以前，只要上课前黑板没擦干净，我就会问她："黑板怎么没擦啊？"她就会跑上来擦黑板，不管当天是不是她值日。现在，她把值日生的名字写在黑板上，无论是老师还是同学们，一眼就能看出今天该谁擦黑板。这样，如果有同学忘记擦黑板，也不用每次都由她上去代替完成。是谁的事，谁自己去做。

表扬是必需的。实事求是的夸奖，是孩子们最喜欢、最开心的事情。我当着全班同学的面，肯定了她的工作方法，并表扬了她本学期进步很大。

平时在课堂上，听讲、背书、做题，她每次都很认真。作为劳动委员助理，她对工作也很上心、很负责任。

因此，作为老师，我们应多帮一把普通的学生，老师的细心指导可以让他们更进一步。

发展长处，让学困生抬头

一个班级难免会有少数学习困难的学生。学习不是他们的强项，可是他们也需要得到周围人的尊重。美国心理学家威廉·詹姆斯说："人类本质中最殷切的要求是渴望被肯定。"作为老师，我们要善于发现并发展此类学生的长处，让他们在自身个性的发展中获得大家的尊重。

会唱歌的冬冬

冬冬，是班上一位个头瘦小，不善言辞的学困生。但从他平时腼腆的笑容里，我感觉他的木讷实际上是长期被批评，长期受压抑而造成的。

夜幕降临，华灯初上。我们班正在上晚自习，教室里灯光明亮。下课了，语文科代表来到办公室问我："冬冬下节课想为全班唱一首歌，可以吗？"

我比较吃惊。冬冬平常不爱表现自己，这次居然会主动提出要在全班表演节目。当然，每次在周一的最后一节课开展一些小活动是我班的一贯做法，所以，学生会在此时提出自己的想法。能主动表现自己当然很好，于是我同意了。

上课了，我宣布冬冬要为大家唱一首歌，全班同学立即报以热烈的掌声。在同学们的掌声中，冬冬很大方地从座位走到讲台上，开始了他的演唱。第一次上台唱歌的他，还是有些拘谨，声音很小，但唱得很动听。全班同学都很配合，静静地听着、享受着他为大家带来的美丽的歌声。唱完后，大家再次报以热烈的掌声。冬冬很满足、很开心地下去了。我第一次发现他居然会唱歌。

到了第二周的晚自习时，语文科代表又来找我说："冬冬和尧尧想合唱一首歌，可以吗？""当然可以。"我又同意了。

一上课，我宣布后，二人便在台上准备演唱。本来是由尧尧先领唱的，但尧尧站在台上有点忸怩，于是冬冬便先领唱起来。到中场休息，该尧尧演唱时，我留心观察到冬冬一脸自信。我知道,通过唱歌,他已经在全班同学面前树立起了自信。

过了不久,我班举行了一次中考模拟测试。冬冬的语文居然考了高分。这令我很惊讶也很兴奋。我想,这也许是他上初中以来第一次语文考高分,也许是他学习生涯里头一次。我在班上表扬了他一番。紧接着,第二次中考模拟测试,他的语文又考了高分。这次我不再吃惊了。我知道,从他平时课堂上的表现来看,他是把唱歌的自信转移到了学习上。

记得有位优秀教师曾说,一个学生的生活状态就是他的学习状态,生活能力就是他的学习能力。是啊,人的能力是相通的。在生活中善于表现自己,在学习上也就善于表现自己了。冬冬,就是这样一个学生。

爱上网的小盏

小盏,是班上一个很调皮的小男生。上小学时,他就非常好动,上课总是不能专心学习。为此,他的妈妈还经常到教室外监督他上课。

上初中了,他的学习还是一塌糊涂。只要一学习,他就昏昏欲睡;一下课,精神就来了。据他妈妈反映,这个孩子还特别喜欢上网打游戏。老师和家长经常批评教育他,效果却甚微。

后来我发现他的成绩虽然不好,但每次的作文却写得很不错,叙事清楚,语言生动,意境还很美。我想,何不指导他发表一下作文?一则发展他的优势,二则引导他正确上网。

于是在初一下学期结束时,我把他本学期的作文本找出来,选了几篇好文章,交代他暑假在家里打出来,传到我的电子邮箱里,我再给他改改,看看能不能发表。

我又交代了他的妈妈一起帮忙做好这件事。

结果在秋季开学时,小盏竟然有两篇作文连续发表在《襄阳晚报》的"快乐校园"里,给班级争了光,也给他自己争了光。

我想,会写作的孩子一定爱看课外书。果然,我问他妈妈时,他妈妈说小盏上小学时就很爱看课外书并且很痴迷。同学的佩服、家长的喜爱,也让小盏找到了学习的幸福。

老话说:"失败是成功之母。"但对学困生而言,成功才是成功之母。在批评与不满中长大的孩子尝够了失败的滋味,他们不再需要失败,他们需要的是一次又一次小小的成功。不断的成功才让他们有信心做好身边的每一件事情。教育的真谛是发展人的个性,成功的教育是让每一个学生的个性得到健康的发展。

爱劳动的翔子

翔子,是我班一名学困生。因家族遗传因素,他在学习上存在一定障碍,但他热爱集体,富有爱心。

为了提高他在全班同学心中的位置,我注重发展他的长处,让他经常为班级服务。

他非常热爱劳动,总是在早自习前和中午,帮同学们打扫卫生。

轮到我班值周管理全校时,他也常常帮助学习忙的同学去站岗。

学校进行花卉活动建设,他主动为班级献出一盆花。

期末,在星级学生评选中,他被同学们评为"爱心星"。这是他上学以来获得的第一份荣誉,他十分珍惜,为班级服务也更加认真。

在"十大最美学生"的评选中,他也曾有幸入选。同学们给予了他高度的评价。

【获奖名片】

最美劳动少年

【简历】

他,是班上的一名普通同学。这两年来,他为班级卫生做了很多贡献。他虽然不能在学习上为我们班争光,但他在卫生第一线为我们班争光。细心的同学总可以在每天清晨看见他那忙碌的身影。因此,他常常受到老师的表扬。

【颁奖词】

每天辛劳的身影是他为我们班辛勤付出的见证,两年的风雨无阻,两年的辛劳工作,两年的勤劳淳朴,一切的一切都见证了他的荣誉。他并不比我们高大,但这一刻,他已经让我们仰望。

假期,他也常给老师发短信、送祝福或提醒老师注意天气变化。他的爸爸也为孩子的变化而感到高兴,让老师多鼓励孩子为班级服务。

可见,发挥学生的长处,可以让学困生赢得同学们的尊重,享受到学校生活的快乐。

苏联教育家苏霍姆林斯基曾说:"教育技巧的全部奥秘就在于如何爱护学生。"在多年与各类学困生打交道的过程中,我深深体会到发展学困生的方法只有一个字:爱。没有爱就没有教育。事实也证明,用心去关爱他们,真的能发展好他们,让他们健康成长。从发展孩子的长处入手,可以慢慢引导他们爱上学校的生活。

让孩子享受学习

小军,是一个长得白白净净,略微有点胖的小男生。平时他总是一脸微笑,见到老师也会热情地打声招呼。初次见到他,会感觉这孩子挺好的。但接触一段时间后,才发现他在学习上很吃力,完全跟不上同学们的步伐。

在进入初中的第一个学期里,老师和同学们都见识了他在学习上的表现。每次考试,他总是稳居"班级第一",当然是倒数的。上新课,第一次背书时,同学们都背完了,可是他费了老大的劲儿,脸都憋红了,也还是背不下来。学校里的学习时间有限,那就回家完成学习任务,需要麻烦家长签字监督一下。第二天来上学,他交上了老师给他专门布置的任务。家长签字了,他也背了。老师一检查,背得磕磕巴巴,勉强算过关。但其他灵活性强一点的学习任务,他则根本做不到了。阅读理解训练、写作训练,他通常只能写下几个字,剩下大量空白。老师即便在放学后留下他继续完成学习任务,他也只能表现出一副很茫然、很无能为力的样子。好吧,每个孩子的学习接受能力不同,尽力而为即可。

可是,若不谈学习,这孩子看起来也并不差,每天跟同学们说说笑笑的,相处得很好。为什么一谈学习,他就萎靡了?是小学时基础太差,一直都没跟上来?还是多年的小学生活,已经让他对学习产生了懒惰与自我放弃的思想?一个好好的孩子,怎么可能连最简单的学习任务都完成不了呢?一个学期过去了,虽然他在学习上还是很落后,但也跟着同学们在课堂上享受了些许学习的乐趣,偶尔还举手回答了几次问题。只要他能主动举手回答问题,我都会立即给予鼓励,同学们也会给予他热烈的掌声。每每此时,他的脸上都会洋溢着开心的笑容。

春天来了,气象更新,万物复苏,我们又迎来了一个新的学期。黎明时分,同学们纷纷来到学校,开始一天的学习生活。上课认真听讲,下课自由活动。黄昏时分,大家又陆陆续续回家,结束一天的学习生活。就这样,日复一日,不知不觉一个多月过去了。在这一个多月里,我突然发现,小军同学在课堂上的听写小检

103

测里,居然有几回全写完了,一题不空。他知道抓紧时间,当堂背书了?他不再放弃自己,知道用心学习了?他真的有跟同学们一样的学习能力了?一点点进步,不足以说明什么。除了偶尔表扬一下,我没再多说什么,只是默默观察着他的变化。

这个星期五,是个天气晴朗的好日子。早自习与第一节课都是语文,我们学习的是文言文《孙权劝学》。文章只有一段话,但里面的重要词语解释、句子翻译等都需要在理解的基础上进行背诵。

早自习,我们学习了几个句子的翻译,同学们讲一句,背一句。每次老师检查句子背诵时,坐在后面的一些男同学举手都很踊跃,都在争相展示自己的学习效果。当然,一句一句地学习,比较简单。这让平时的后进生信心大增。为了鼓励孩子们学习,我尽量每句话都请三四个同学来翻译一下。举手的同学回答得都是十分准确、流畅的。学习第三句话时,小军同学也涩涩地试着举了一次手。我便点他起来翻译,他居然也回答得很准确。我提议,同学们把掌声送给他。同学们立即为他热烈地鼓掌。他依旧很开心地笑了。

我们继续学习。只要小军同学举手,我必优先点他起来回答,他也总是回答正确。在课文里,像"蒙辞以军中多务""但当涉猎,见往事耳"等都是短句子,很好理解,其翻译也很好背住。学到最后,"士别三日,即更刮目相待,大兄何见事之晚乎"这个句子就比较长了。小军同学在背了一会儿后,又举手了。他真的能背下来?我有点怀疑。点了他后,他站起来果然背出来了。这事儿若发生在其他同学身上,我觉得很平常。但发生在他身上,我有点惊奇,但又高兴。难道他真的有较好的背诵能力了?不管怎样,我在他回答完毕后,表扬了他进步真大。

早自习结束了,接下来的第一节课继续上语文。我们在前面学习的基础上,进一步深入理解课文。一是谈谈本文三个主要人物的性格特点。一番交流后,归纳总结。孙权:善劝,关心爱护部下,对部下严格要求。吕蒙:乐于接受规劝,勤奋学习。鲁肃:直爽,敬才,爱才。讲清楚后,老师先让同学们理解消化一下,然后再检查同学们是否都会讲述三人的性格特点。结果在举手回答的同学之中,又有小军同学,而且全部答对了。

接着我们讨论第二个内容,即本文写了一件什么事?吕蒙的变化给了你什么启示?第一问很好回答,写了吕蒙在孙权的劝说下勤奋学习,最终学有所成。而第二问可以有好几点启示,例如:只要努力读书,就会学有所成;要善于听取他人合理的规劝;要用发展的眼光看待别人,每个人都会有进步。同学们谈到最后一点启示时,我们立刻想到了小军同学。我跟全班同学说,小军同学是这学期我们班进步最大的同学,我们要学会用发展的眼光看待每一个人,每一个人都会有进步。大家在课堂上也看到了他的进步,都表示赞同。于是,这道谈启示的题目,同学们很快掌握了。

最后,当我检查同学们能否用自己的话完整回答这个问题时,小军同学再次举手,回答正确。这堂课最让我惊讶的是,小军同学连灵活性的理解题目也能回答了,真的进步了。

我想,他的进步可能缘于两点:一是经常参与课堂学习活动,学习的兴趣被调动起来了;二是老师经常鼓励、表扬他的每一点进步,同学们也投给他赞赏的目光,让他享受到了学习的快乐。老师在课堂上传授的知识,自己能够准确掌握,就会被老师表扬,被同学尊重,这是一件多么快乐的事情啊!有这样美好的感觉,怎么能不爱学习呢?

教育是一门慢的艺术。慢下来,享受学习,静待花开。或许有一天花儿就慢慢开放了,那一瞬间,会带给我们惊喜与快乐。

滴水穿石的力量

开学初,接手了一个新的班级,我发现本班学生的书写能力整体上不太好,于是就想到了让全班练字。

我班的练字,做法很简单,要求也很简单。我们没有买字帖,也不要求每个同学像书法家一样,写出一手漂亮的正楷字。我们只是给每个同学发了一本"语文本",只要求每天中午写好一首诗,每个字都写在格子里,清清楚楚,每一行整整齐齐即可。

练字的检查工作由班上字写得最好的晓晓同学负责,后来因为晓晓工作忙,又改为由欢欢同学负责。两位同学都很认真,每天都及时收发语文本,及时布置一首诗让全班练习书写。结果一个学期下来,我们不但把初中三年要求背诵的课内外古诗写完了,而且还写了许多语文书上没有的古诗。

在故事里学习

在这个过程中,我们也了解了一些名家练字的故事。

隋朝有个和尚,名叫智永,据说是王羲之的七世孙。他曾用十年工夫专门练一个"永"字,取得了很大的成功,后来成了著名的书法家。

原来,汉字虽然有成千上万个形体,但构成这么多汉字的基本笔画只有八个,即点、横、竖、撇、捺、钩、折、提。"永"字刚好包含了这八个基本笔画。所以,智永禅师要专攻这个"永"字。这就是古代有名的练字秘诀"永字八法"。

据说,我国古代大书法家王羲之喜欢养鹅,观察鹅。他原先总也写不好"之"字,后来发现鹅在水面上游动的姿势很像是一个游动的"之"字。

于是,王羲之从鹅的游动姿势中领悟到了"之"字的笔意。他在写"之"字的时候,仿佛在画一只游动着的白鹅。就这样,他终于把"之"字越写越好,越写越有神气了。在他的《兰亭序》中有二十个"之"字,但个个都写得不一样,每一个都写得有神气,可以说把"之"字写活了。

从自然界中寻找写字的灵性,这是练字的最高境界。

于是,我们也从中得到启示:在写字的时候,把每一个汉字都看成有生命的事物。我们就是用这些线条描摹各种活生生的事物,书写自己心中的情感。

在练习中进步

为了增强全班练字的兴趣,提高全班练字的水平,我们又在班级墙壁上,开辟了一块"书法园地"。每个周末,学生自己找一张信纸大小的纸张,自选内容,在家自己设计版面,自己练字。周一收上来后,评选出其中书写最漂亮的作品,张贴在"书法园地"里。

通过张贴优秀书法作品,以及平时写日记、做试卷等写字训练,我们发现,班上许多原来字迹潦草的同学有了很大转变。

洋洋、大鹏同学过去写的字根本无法辨认,现在,他们的日记经常写得清晰美观。

阳子同学原来的字很小,别人写一页的内容,她半页就写完了。仔细看,她也没少写,准确性很高,但常常是很多字堆在一起,看不清楚。现在经过练字,她的字虽然还是有点小,但已经清清楚楚,很好辨认了。

还有小锐、小飞同学平时字也写得一般,但他们很重视周末练字。稍加练习,他们周末写的书法作业就经常被贴到"书法园地"里了。

每天中午练习写好一首诗,几十字,任务轻,容易做。写着写着,也会有同学不够认真了,敷衍塞责的;也有同学偶尔兴趣来了,一下子写得很好,令人刮目相看的。当然,有更多的同学一直都写得很认真,其字已经达到习惯性写好的程度了。

面对同学们的不同表现,欢欢同学曾试探性地问我:"老师,今天还练吗?"我说:"练!每天练点字,滴水穿石,会有功效的。"欢欢同学笑着点点头走了。

果然,一个学期下来,我发现全班学生的书写水平的确比开学初进步了很多。每个人的字都写得清清楚楚,容易辨认。不少同学的作业及试卷都书面美观,整洁漂亮。

所以,持之以恒,必有成效。

珍惜时间,提高做事效率

子在川上曰:"逝者如斯夫,不舍昼夜。"三千多年前的大教育家孔子曾这样感叹时光的流逝。时间的脚步永不停歇,一直向前。懂得珍惜,时间便如黄金般宝贵;不懂得珍惜,时间便如流水般无情。对课堂学习而言,同样如此。

为提高课堂四十五分钟的学习效率,我一直很注重培养孩子们的时间观念。在许多学习任务布置后,我都会根据中学生的实际接受情况,规定时间去完成。这样,学生们在完成任务时,就会铆足了劲儿,集中精神,在最短的时间里达到老师提出的要求,甚至争先恐后地比拼学习。

背书需要规定时间。

学习文言文《伤仲永》时,课文有几个重点句子,要求能准确无误地翻译,必须熟练掌握。于是,我们先一句一句地学习。同学们每翻译完一句,老师确定好准确意思后,给一分钟时间,全班开始背记。谁先背完,谁先举手示意一下。结果不到一分钟,甚至只有几秒钟的时间,就有好几个同学举手了。于是,我拍掌示意全班安静,请最先举手的前三名同学依次起来背给全班听。每次站起来的同学都背得很好。自己举手的,回答起来当然就有自信。我自然也会给予简单有力的肯定与鼓励。在这样简单的背书任务里,学习一般的同学往往举手最踊跃,也最能得到锻炼。当然,一句一句地背,只是为后来合背打基础。新课学习完了,这几个重点句子的翻译要合起来背记了。此时,给十五分钟的时间,全班自由学习,各记各的。十五分钟后,当堂检测,效果往往比较好。

除了文言文,古诗、名著、生字词等语文基础知识都离不开背诵。背书时,若没有一定的时间限制,没有创设一个比拼的学习氛围,学生们往往会浪费时间。也许五分钟能背完的一首诗,有的同学可能一节课也背不到。因此,培养学生的时间观念,在规定时间内完成背书,全班的课堂学习效果才会更好。

做题也需要规定时间。

课内精彩片段的阅读理解题目与课外文章的阅读理解题目，是学生们经常会做到的。无论课内，还是课外，其对学生阅读理解能力的要求是相通的。只不过课内的文章学习过，相对来说，比课外的文章熟悉些，容易理解些。通常在做一篇课外文章的阅读训练时，我会给全班15~20分钟的时间来完成，要求一题不空，全部做好。此时，学生们都会集中精力阅读文章，认真答题，每道题都会有自己的见解。时间到，老师先点评同学们的做题情况，再评讲答案。每个人根据老师的要求，结合评讲的答案，给自己做的题目批改好，并打出分数，以掌握自己做题的准确率。关于课外文章的阅读训练，我们一般采用十分制，六分及格，八分优秀。老师评讲完毕，学生也批改完毕，最后老师再调查答题情况。先请及格的同学举手，再请优秀的同学举手，数一数人数，就知道每篇文章的难易程度以及全班的学习情况。做得好的同学自然都是很高兴地举手。对于未举手的同学，老师给予鼓励，并提出要求，争取下次进步。

　　做题时，给全班规定时间，同学们就会有一种紧迫感，赶快去认真地完成，写好属于自己的答案。课外阅读题本身就很灵活，往往没有固定答案，意思正确即可，考查的是学生的思维能力与语言组织能力。若没有答题的时间限制，则会有部分学生产生畏难心理，迟迟不肯下笔，写不出属于自己的答案，只会在犹豫中浪费宝贵的时间。因此，在做课内外灵活性的阅读理解训练时，必须要求学生在规定的时间内完成任务，方能提高课堂学习效率。

　　写作更需要规定时间。

　　对于许多中学生来说，写作是个老大难的问题。看着老师布置的作文题目，有的同学苦思冥想，也不知如何下笔，总是犹豫不决；有的同学东查西找，总想翻阅资料，借鉴优秀作文的写法；还有的同学东张西望，总想看看旁边的同学是怎么写的。就这样，时间一分一秒地过去了。怎样提高学生的写作效率，让学生能在最短的时间里发挥出自己的潜力？同样需要限定写作时间。时间紧，任务重，个人的潜力才容易被激发出来。

　　想想每次语文大型考试，大约两个小时的时间，学生们既要做基础知识，又要写好作文，最后不都能按时完成么？可见，写完一篇作文，给一节课的时间就可以了。记得刚走上讲台，第一次布置写作文的任务时，我考虑到作文不好写，就给了学生们一周的时间。结果一周后，收上来的作文并不理想，有的还未完成，有的敷衍了事。后来，每次写作训练时，我就只给一节课的时间，当堂完成。老师首先布置写作题目,简单提示,明确要求后,全班开始写作。写作时,要求必须严格。全班保持安静,不得东张西望,不得交头接耳,不得查阅资料,只能开动大脑,认真思考。比一比,看谁才思敏捷,写得又快又好,符合本次写作训练的要求。因为任何小动作都只会让时间白花花地流逝,不利于集中精力、构思写作。通常经过这样的训练,第一个完成作文的同学只需十五至二十分钟的时间,而且写得快的同学,往往作文质量也高。一节课结束了,铃声响起,谁写完了谁上交,没写完的继续写,直至完成。所以,写作训练课,我一般是用上午或下午的最后一节课。放学后,谁写完作文,谁先走。这样每个人都有紧迫感,会抓紧时间完成自己的写作任务。每一届学生初学写作时,尚有个别人下课后还要留一会儿。但经过一段时间的训练,全班基本都能当堂完成作文,不拖堂。有时,老师还会当堂面批面改,学生排队等候。一节课下来,学生写完作文,老师改完作文,个性问题也得到指正,效率很高。当然,每次写完作文后,我们还会再上一堂作文评讲与修改课,以巩固学习成果。

学习是一件富有挑战性的事情。俗话说:"井无压力不喷油,人无压力轻飘飘。"同样一个学习任务,如果没有时间限制,人们往往会产生懒散、畏难等心理,做得很不理想。但如果有一定的时间限制,人们就会努力克服困难,集中精力,去高质量地完成任务。每个学期,孩子们都有很多的知识需要去学习掌握。这些知识就在一节又一节的课堂里,不断地往前推进。在每一节课里,注重培养学生的时间观念,当堂的任务当堂完成,才能提高学习效率。平时,善于做自己时间的主人,方能成为自己学习的主人。

除了教学,管理也需要培养学生们的时间观念。特别是在开学初,注意培养学生珍惜时间的好习惯,效果会更好。

例如,全班调换位置需要培养时间观念。

周末最后一节晚自习下课后,全班各个小组之间要调位置了。我先讲明,第一个小组坐到最后一个小组去,其余每个小组依次向上一个小组移动。那时,我班各小组是"圆桌式"坐法,对子面对面坐着。每次换位置,小组均整体移动。我征求了同学们的意见,看看怎样才能让全班换得最快。有几个同学说,第一组先移到教室外面,其余组再依次向前移动,最后第一组再挪进教室到原来最后一组的位置上。这是最佳方案。讨论过后,大家明确了该如何挪位置,全班开始行动。我计算了一下时间,只用了不到三分钟,全班已经坐好。以后,每次挪位置,班长就按照这个办法来做,非常省时省力。

　　再例如,全班大扫除更需要培养时间观念。

　　还有一次,按照学校安排,我班打扫六楼的阶梯教室。学校大扫除之前,我喊来劳动委员,让他安排好全班每个人的任务,以节约劳动时间。中午,劳动委员根据阶梯教室的实际情况,认真安排了每个人的劳动任务。打水、拖地、扫地、擦桌椅、擦窗子、擦黑板、擦多媒体讲台等等,每个地方,每个角落,都安排有人员负责。本班教室和阶梯教室,打扫人员都安排得很合理。下午,大扫除时间到了。我来到教室里,听劳动委员宣布好每个同学的任务后,大家开始行动。结果,同学们只用了十五分钟,就打扫完了。剩下的时间,自由活动。就这样,每个人明确自己的任务,抓紧时间完成,班集体的办事效率就高。其间,还有先打扫完卫生的同学帮助其他同学去完成任务的。活动中,也体现了同学们团结友爱的美好品德。以后,每次大扫除,劳动委员就这样来指挥同学们干活,效果非常好。

　　由此可见,凡做任何事情,一开始养成了珍惜时间的良好习惯,就会提高学习和做事的效率。好习惯就要一开始进行培养。

教学相长，与学生一起进步

俄国教育家乌申斯基说："教师个人的范例，对于青年人的心灵，是任何东西都不可代替的最有用的阳光。"

车尔尼雪夫斯基也说："要把学生造就成一种什么人，自己就应该是什么人。"

平时，我要求学生怎么做，自己也基本上做到。注重身教，以身作则，可以用垂范引领学生。例如，要求学生做事大大方方，自己便也表现大方得体；要求学生做人诚实友爱，自己便也要有爱心；要求学生善于欣赏他人，发现别人的优点，自己便也懂得宽容。教学相长，学生的思想行为在进步，老师的思想行为也在进步。

在学习上，我要求学生多读课外书，获取更丰富的知识，以扩大自己的视野。我也热爱读书，跟学生交流自己的读书经历。教学诗歌，我要求学生有感情地朗读时，自己也常常会给全班示范朗读一下；我要求学生背诵时，自己也常常会给全班示范背诵一遍。每当老师示范完毕，学生都会给予热烈的掌声。

我发现在老师的带领下，学生学语文的兴趣都比较高。记得有一次在九年级开学初，教学《沁园春·雪》一词时，由于教过很多遍，我对诗词内容非常熟悉，就给全班有感情地背诵了一遍，然后才开始学习。那节课，学生们的学习兴趣非常浓厚。之后，学生俊芳在周记中说，老师这样教学，调动了她的学习兴趣。她当堂就把这首词给背住了，节省了不少课余时间，效率很高。

课堂上，在要求全班进行当堂写作训练时，我也常常和学生们一起写作文，共同体会写作的技巧；在引导全班开展作文点评及修改活动时，我也时常会给学生们念念自己写的作文，既进行了方法指导，又进行了思想教育，真是益处多多。当老师结合自己的身份，自己的实际情况，自己的亲身经历，自己的真实感想，通过写作的方式来表达时，总能引起孩子们的共鸣，赢得孩子们热烈的掌声。言传身教的影响是深远的。总结平时写的下水作文，不外乎以下几类。

观念引导：让语文飞起来

有一次，布置了一道半命题作文：让_____飞起来。我就以此为题，写了《让语文飞起来》一文，引导同学们正确认识学好语文的方法，后来此文发表在本市的《襄阳日报》上。全文如下：

语文是一只美丽的鸟儿，阅读和写作是两翼。只有这两只翅膀坚强有力了，鸟儿才能飞起来，才能在广阔的天空里自由翱翔。

多读书，可以开阔视野，增长见识。《三国演义》让我们领略到诸葛亮的足智多谋，《水浒传》让我们见识了梁山好汉的团结忠义，《骆驼祥子》让我们看到了旧时代人力车夫悲凉坎坷的人生，《格列佛游记》让我们暗笑人们尔虞我诈的丑陋。书籍让我们欣赏到世间美景，让我们感受到人间冷暖，更给我们留下许多感悟与启示。

多写作，可以提高思维分析能力和语言运用能力。写日记，能记录我们的点滴生活；写读后感，能提升我们对人生的思考与理解；写小小说，能让我们展现世间百态；写议论文，能让我们思维缜密；写说明文，能让我们思路清晰。

阅读与写作相辅相成。阅读需要写作来提升读者对生活的认识，写作需要从阅读中学习方法，从而形成自己的作品。

方法指导：简单也美丽

在一次语文考试中，其中有一道作文题目是：_____也美丽。联想到平时学生们的写作情况，我就以"简单也美丽"为题，谈了如何更好地写作文，让同学们向名家名篇学习，此文后来也发表在《襄阳日报》上。文章如下：

作为语文老师，我常常接触到许多学生的作文。为了追求内容深刻、文字优美，学生们往往很刻意地去撰写一篇文章。结果，有的文章事迹很感人，但让人感觉虚假；有的文章文字优美，但让人感到没有真情实感；有的文章内容繁多，但让人感觉思路不清。当然也有极少数优秀的作文，据作者反映是很随意、很自然地去写的。由此可见，只要作者用心观察生活，又有一定的文化底蕴，就能够很轻松地完成一篇优美的作品。

王维有两句诗"大漠孤烟直，长河落日圆"，被誉为"诗中有画，画中有诗"。其间，只有简单的几个景物、简单的几笔线条，即广阔的沙漠、直直的孤烟、圆圆的落日、蜿蜒的黄河就构成了一幅美丽的边塞风景图，遂成为千古名句。

朱自清的散文《春》，也只有几幅简单的图画，即春草图、春花图、春风图、春雨图和迎春图。简简单单的几幅图画就构成了一篇美丽的文章,既生动形象地描绘出了春天刚到来时生机勃勃的景象,又抒发了作者对春天的赞美,对春天的喜爱。

安徒生的童话《卖火柴的小女孩》,也仅仅简单地描绘了小女孩在寒冷的雪夜里四次擦亮火柴时所想象的情景。第一次擦亮火柴时,她仿佛看到了一个温暖的火炉;第二次擦亮火柴时,她仿佛看到了一只放满烤鹅、苹果等美味的桌子;第三次擦亮火柴时,她仿佛看到了一棵挂满礼物的圣诞树;第四次擦亮火柴时,她仿佛看到了她慈祥的奶奶,并要奶奶带她走,她们一起去了没有寒冷、饥饿和忧愁的美丽的天国。简简单单的几幅想象画面就构成了一篇美丽的童话,既生动地描绘了小女孩的悲惨遭遇,又表达了作者对小女孩的同情,对那个冷酷无情社会的谴责。

由此可见,无论诗歌,还是散文、小说等体裁,只要作者简单地选几个角度或几个方面,再简单地用文字描述出来就可以成为一篇优美的文章。简单才是自然,简单才不造作,简单才能流露出真情实感,简单才能打动读者的心。因此,想要写好作文的同学一定要注意,不要把写作文想得太复杂。简单也美丽!但前提条件是你一定要善于留心观察生活,并充实自己的文化底蕴。

心灵体验:最美的风景

语文的美无处不在。有一次,我和全班一起写了一篇半命题作文:_____之美。当时正在学习古诗词,我们积累了许多优秀的古典文化名篇。于是,我就以"古诗词之美"为题写作,与全班朗读分享时,又和孩子们一起体验了我国古典文学的美丽。后来,此文更名为《最美的风景》,发表在《襄阳日报》上。文章如下:

我国是诗歌的国度。几千年的中华文化孕育了许多伟大的诗人,诞生了许多伟大的作品。其中唐诗、宋词、元曲就是我国古典文化中最美的风景,这里就像一个大花园,让我们欣赏,让我们品味,让我们流连忘返。

唐诗是明媚的,又是忧伤的。"迟日江山丽,春风花草香。泥融飞燕子,沙暖睡鸳鸯。"杜甫用口语化的语言生动描绘了春天的温暖以及大自然的美丽景致,给人一种轻松愉悦的感觉。"小娃撑小艇,偷采白莲回。不解藏踪迹,浮萍一道开。"白居易这首诗颇有童趣,一幅栩栩如生的采莲图刻画出了小孩子的天真可爱。而李白笔下的"举头望明月,低头思故乡",杜甫的"感时花溅泪,恨别鸟惊心"则写出了诗人们的思乡忧国伤时之情。唐诗就是这样,有景有情,令人回味,令人沉醉。

宋词是豪放的,也是婉约的。苏轼言"鬓微霜,又何妨。持节云中,何日遣冯唐？会挽雕弓如满月，西北望，射天狼"。辛弃疾想"马作的卢飞快，弓如霹雳弦惊。了却君王天下事，赢得生前身后名"。字里行间表达了词人们御敌立功，报效国家的豪情壮志。而李清照的"风住尘香花已尽，日晚倦梳头。物是人非事事休，欲语泪先流。闻说双溪春尚好，也拟泛轻舟。只恐双溪舴艋舟，载不动，许多愁。"则写出了词人心中细腻的情感，流露出人物内心浓重的哀愁。宋词的豪放与婉约让人们领会到不同的派别带来的不同情感体验。

元曲是简约的，也是忧郁的。"枯藤老树昏鸦，小桥流水人家，古道西风瘦马。夕阳西下，断肠人在天涯。"元朝马致远的这首小令通过几个简简单单的自然景物写出了天涯游子的悲凉凄苦心境。"峰峦如聚，波涛如怒。山河表里潼关路。""伤心秦汉经行处，宫阙万间都作了土。兴，百姓苦；亡，百姓苦。"张养浩用他的妙笔道出了潼关地势的险要，也道出了在封建王朝中生活的百姓的无奈与苦楚。元曲就是这样简单，却能传神地表现作者们内心深挚的情感。

中华上下五千年的文化博大精深，悠久的历史孕育了勤劳、智慧的人民。唐诗、宋词、元曲这三朵奇葩蕴藏了古代劳动人民深厚的情感，永远在我国文学的百花园里绽放光彩。

心理疏导：写给初三学子

进入九年级下学期，马上就要冲刺中考了，学生们应该怎样安排自己的学习生活呢？记得开学初有一次，我们作文训练的题目是要求写一封信，可以任选一个写作对象来进行写作。于是，借助本次写作训练，我以"写给初三学子"为题，跟全班同学谈了自己的建议与想法。后来此文略作修改，曾作为周一国旗下的演讲，与学校师生分享。

亲爱的同学们：

大家好！

三年的时光即将悄悄过去。相聚犹在昨天，分别即在眼前。回首逝去的日子里，数不清校园里留下了我们多少欢乐，多少忧伤，多少汗水。在即将到来的中考上，同学们一定都想取得理想的成绩。作为语文老师，在这里特别提醒大家注意做好以下几方面的事情。

第一，要合理制订学习计划。无论什么时候，无论时间是多是少，同学们都要养成合理制订计划的好习惯。因为这样做，可以让你的学习过程有条不紊，可以让你在学习上少做重复劳动、无效劳动，不打乱仗，从而提高学习效率。当然，在制订计划时,一定要对中考题型及考试范围清清楚楚。这一点如果自己还搞不清楚,可向老师请教。任务明确后,就要合理地安排时间。在中考前,把学习任务分配到每一个月,每一个星期,甚至每一天上。每个人要根据自己的情况,制订剩下时间的学习任务。对于自己尚未掌握的知识点,一定要安排时间去复习好,攻克下来。

第二,要紧跟老师步骤,当堂任务当堂完成。每个同学对自己已复习好和没复习好的题型及任务做到心中有数,平时注意加强某方面的训练后,在课堂上还要紧跟老师步伐。老师在课堂上所复习的每一个知识点,同学们都要当堂掌握,不把问题留到课后。要做到当堂的任务当堂完成,提高课堂效率。如果有实在没掌握住的知识,一定要在课后抽时间补上。但事实上,课余时间懂得及时给自己补课的同学很少。因此,我们必须在上课时集中精力,按照老师的要求去做好。

第三,注意劳逸结合。初三的学习是紧张的,但紧张之余也应该有所放松。所谓一张一弛,是文武之道。一根弦,绷得太紧它会断,弄得太松它又弹不出美妙的音乐。所以我们要学会一边紧张地学习,不断攻克难题;一边以各种方式在学习之余放松自己。比如,下课后和同学聊聊天、下下棋、跑跑步,回家后看几分钟电视新闻、听几首歌曲,和爸妈谈谈感兴趣的话题,等等。当你学会安排自己学习之内和学习之外的生活时,也许你会发现你的生活有滋有味,你会过得非常充实而有意义。

生活是多姿多彩的。你可以每天紧张忙碌地度过,你也可以每天轻松悠闲地度过,你还可以每天时而忙碌时而轻松地度过。愿每一位同学都做一个富有智慧的人,都会合理地安排自己的学习生活。今天你们是祖国的花朵,明天你们将成为祖国的栋梁。希望每一位同学都能在初中的三年生活里学有所成,日后多为祖国做出属于自己的一份贡献。最后祝同学们在中考取得理想的成绩!

近几年来,我班学生积极参加各级各类的教育教学活动,其中,学生作文获奖或发表一百多篇。《寻找快乐》《童年趣事》《我爱我班》《站在祖国的地图前》等优秀学生作文,常见诸报端,与更多的读者分享。

叶圣陶说:"真教育是心心相印的活动,唯独从心里发出来的,才能打到心的深处。"老师言传身教,爱护学生,学生便也会爱老师。在这充满阳光的事业里,与孩子们一起努力,一起进步,是一件十分有意义的事情!

(原载于2017年《中华校园》总第21期,有改动。)

第四辑

Banji ChengZhang MiMa

学生心灵，在呵护中成长

及时开导，指引学生前进

进入初中，孩子们既不像小学生那样幼稚，也不像高中生那样沉稳。有时候，在学习或生活中难免会遇到一些问题，他们并不能正确对待。此时，就需要老师及时开导，帮助孩子们在前进的路上提升思想认识，从而更好地前进。一次次的交流，一回回的谈心，慢慢地充实孩子们正在成长中的心灵。

学会分享，做一个快乐的人

写日记是一种非常好的自我教育形式，既能让孩子们经常反思自己当前的行为，又有助于提升写作能力，所以我经常引导孩子们坚持写日记。在班级学习活动中，组织班干部检查日记肯定是必需的。然而，日记反映的是每个孩子的思想和行动状况，难免会有学生不喜欢被检查。怎么办？此时就必须要做做思想工作了。

有一回，针对班上个别学生对写日记被检查一事有抵触情绪的现象，我在班上抽空利用口头作文的形式来劝勉孩子们。

那天是星期一。早自习，我最后留了五分钟，说："下面请同学们做一道选择题，二者必选其一。你认为，在你的生活中，是幸福多，还是痛苦多？"

学生们非常感兴趣，我点了几名同学来回答。

小海说："幸福多，因为我的妈妈很关心我，让我感到很幸福。"

小丽说："幸福多，因为我有很多好朋友，大家在一起很幸福。"

小琪说："幸福多，因为我有很多好朋友，他们都对我很好，很关心我，我觉得很幸福。"

"平时看到小琪一副愁容满面的样子，跟你的想法好像不太一致。"学生们都笑了，我又接着说："希望你今后每天让我们看到的都是一副幸福快乐的样子，而不是愁容满面的样子，好吗？"

小琪微笑着点点头。

最后，我总结说："看来，生在新中国，长在红旗下的你们，的的确确是一代幸福快乐的年轻人。"学生们都笑了。

下课铃声响了，全班下去参加升国旗仪式。

上午第四节，又是语文课。课堂任务完成后，还剩五分钟，我对学生们说道："我们继续早自习的话题，同学们再来一次口头作文。同学们都认为在自己的生活中，还是幸福多一些，但痛苦也是难免的，谁都会遇到。那么，你希望你的幸福有人来分享，痛苦有人来分担吗？"

没想到孩子们的回答各种各样。

小海说："我希望自己的幸福有人来分享，那样会更快乐；痛苦有人来分担，那样就不会太难受。"

小威说："我希望快乐与人分享，不快乐不想让人知道。"

"你这是要面子的想法，只想让人看到你快乐的一面。"我说。学生们都笑了。

小泽接着说："我的幸福与痛苦都不想让人知道，因为我从小就是这样，独来独往习惯了。"

我问："你有好朋友吗？"

"没有。"小泽回答。

我请他坐下，对全班说："人与人的相遇是一种缘分。既然我们现在生活在一个班级里，同学们之间就应该相互关心。我希望每位同学都有好朋友，可以相互交流。对于性格比较内敛的同学，希望大家能够给予关怀和温暖。"

"记得有人曾说过这样一段话：幸福如果有人分享，幸福就会翻倍；痛苦如果有人分担，痛苦就会减半。没人知道的幸福不叫幸福，没人知道的痛苦会变成绝望。希望今后同学们能够敞开心扉，多与人交流，做一个快乐的人。"

同学们听得很认真，有些话好像也有人知道，还跟着老师一起说。

铃声响了，我们就下课了。最后，我对日记的交流与检查提出了期望。此后，关于日记的交流与检查一直都开展得很好。

重新振作，做一个坚强的人

七点钟前，我赶到学校上早自习。

刚走进办公室，科代表然然同学就来到我面前，说："老师，小朦这两天的情绪很不好,因为她的姐姐昨天出车祸了。她和她姐姐的感情很好。你开导一下她吧。"孩子带着恳求的语气说着。

"好的,今天上午我找个时间跟她谈谈。"作为老师,面对学生的恳求,我自然义不容辞。

"谢谢老师。"然然同学感激地走了。

正巧小朦同学上午交来的作文没写好,需要重写。第三节下课后,我请一位同学把她喊到办公室,询问一下情况。

不一会儿,小朦来到办公室。

"听然然说,你这两天的情绪很不好,是因为你的姐姐出车祸了,是吗?"我问道。

"嗯。"小朦回答,脸上有点淡淡的忧伤。

"怎么回事呢?"

"马上清明节要来了,我姐姐和几个在武汉打工的老乡一起回来祭奠亲人。昨天是星期天,她们又一起回武汉上班。结果在路上,她们乘坐的面包车就出车祸了。"

"她在哪儿住院?情况严重吗?"

"在武汉住院。医生说,在接下来的一个星期内如果能醒过来,就没事;如果醒不来,就很严重。"小朦露出难过的表情。

"听说你和你姐姐感情很好。"

"我从小就在我大姨家,跟我姐姐是一块儿长大的。"小朦的情绪舒展开来。

"这么说,她是你的表姐。今天一大早,我刚来,然然就跟我说了你的事,让老师开导一下你。老师和同学都很关心你。希望你能从姐姐的事中振作起来,不要影响自己的学习。如果姐姐知道你因为她的事而耽误了学习,她的心里一定会很难过。姐姐的病情,医生自然会想办法,会尽他们最大的努力去拯救。咱们想得再多也没什么用,只能祝福她快点好起来,早日康复。你呢,还是要一如既往地学习,把自己该做的事情做好,好吗?"

"嗯。"小朦点点头,嘴角里多了份要努力的样子。

这时,我拿起她的作文本,翻开本次作文,说道:"今天你交上来的作文没写好,需要重新修改。"接着,我指出了她在作文中出现的一些问题,告诉她如何改进。

121

"你拿下去,认真写一写,下午再交上来给我,好吗?"

"好!我拿下去重写,下午再给您拿来。"

小朦接过她的本子,临走前很感激地说了声:"谢谢老师!"

看着她的情绪还是比较稳定的,我也就放心了。

正在成长中的孩子遇到了生活中的问题,自己不知道如何解决,只能任由自己难过下去。此时,老师的及时开导就像一缕春风,给孩子带来丝丝温暖。相信每一种爱,都能带给孩子前进的力量。

孩子们来到学校,既要学习知识,获得智慧上的成长,也要学会生活,获得心灵上的成长。然而,成长的路上难免有困惑、有忧伤,总会遇到各种各样的问题。老师的及时开导,会让迷茫中的孩子找到正确前行的方向。所以,用我们的关爱去帮助孩子更好地前进吧。

信任，换来自觉

老师对学生的信任，会触动学生的心灵，激励学生走向进步。信任，换来孩子的自觉。在这方面，我深有体会。

一件关于信任的小事

"老师的一句话令我特别感动，她说：我相信你。"

早上检查学生日记时，看到小雾同学的这句话，感慨颇深。

事情的经过是这样的：

昨天上午，负责检查日记的小倩同学交给我日记本时就告诉我，小雾忘带日记本了，下午带来。我知道小雾是个好学生，学习成绩好，为人也正直，所以我相信她说的话。

正好昨天上午我有事找她及其余几位同学谈话。

她一见我的面，就连忙向我解释日记未交的事。

我只说了一句："我相信你，你是个好学生。"然后就开始讲自己要说的事。

没想到老师简单的一句话给学生留下了深刻的印象，并让她在日记中不断责备自己不该犯这样的小错误。

由此，我想到了最近刚看到的一个小故事：

一个小学三年级的男孩，因错过了学校的期中考试，他妈妈就从学校里找来了各科期中考试的试卷，拿回家让孩子按照学校的考试时间，把卷子都做了。

妈妈在给孩子试卷的一瞬间犹豫了一下。她考虑自己是否要监督孩子，是否要把孩子房间里的书本都收走。因为孩子平时的学习成绩不太好，肯定会有一些题目不会做，不知道他会不会作弊。

但妈妈想了一下，决定信任孩子，她只说，你自己看好时间，到点就不做了。其余什么也没说，关上门出来了。

而让妈妈高兴的是,孩子知道该怎么考试。他完全按照学校考试的要求来管理自己,时间一到就结束答题,根本就没想到有"作弊"这回事。妈妈通过观察看得出来,孩子在遇到不会做的题目时,也绝对没有动过偷偷翻书的念头。她不由得感叹:原来孩子是这样的守信!

人的心理是微妙的。当你信任一个人时,他会很主动、很认真地做事。当你不信任一个人时,你越是想办法监督他,他则越可能产生反监视的逆反心理,偏偏往你不希望的方向发展。所以我想,在教育孩子时,不妨多给孩子一些信任,这样会更有利于培养孩子学习的主动性。

信任带来学生的进步

今秋,我起用了个别成绩良好却不太勤快的男生当班干部。班级平时事务多,非常需要培养一批有潜力的学生来做管理工作。

小亮同学就是其中一个。以前他是普通学生,什么事都不管,现在他被任命为自己所在组的大组长。我班的大组长相当重要,也是值周班长。小亮同学脑子聪明,但学习态度不踏实,比较懒,上课还好说小话,所以他的成绩总在班里第十名上下徘徊。考虑到他的学习也比较好,我就准备让他也锻炼一下,管理自己的小组。

一天上午,我把他喊到办公室征求他的意见。他还略有推辞,不愿管事,但是他能体会到老师是想重用他。一时间不知怎的,弄得他满头大汗,也许是激动,也许是意外惊喜吧。我给他讲了大组长的职责,非常简单,但很重要。他明白后就同意了。

后来,我很快发现了他的进步。

有一次,在课堂上,我不点名地批评了两个小组,因为组内有人说小话。其中一组就是小亮组。只见他连忙向旁边的男生示意,让他不要说话了。要知道,他自己以前就好说话啊。因为大组长是负责本组纪律的,他意识到了这一点,自觉地开始管理。我注意观察到,他上课一脸的认真,比过去的状态强多了。

中午,该他打扫操场卫生了。在劳动委员的指挥下,他积极地拿上劳动工具下楼去打扫了,还积极地喊同伴一起去。其实,他是比较懒的,以前让他劳动都要不停地催,总是不积极。肯定是当了班干部,有了责任心,做事就积极了。

因此,只要老师相信同学们的能力,他们一定能够充分地发挥出自己的潜力。有这样良好的状态,同学们怎么能不取得进步?

信任带来管理的轻松

培养学生主动学习的意识,需要充分地相信他们,所以我常在一些教学工作上施行不监督学生的做法,很受学生欢迎,自己也感觉很轻松。

有一天上课时,我看见负责人在黑板上公布了一些出现作业问题的学生名单。针对这一现象,我说,每个同学在学习上都会遇到困难,每个班干部在工作上也会遇到困难,而我们老师在教学上肯定也会遇到困难,但能克服困难,我们的能力就得到了锻炼与提升。自己的事要努力自己解决,最好不要麻烦别人。希望每位同学都能做好作业,每位班干部都能收好作业,提高学习效率。

之后,我没再像以前那样强制上黑板名单的学生完成作业。但课后看得出,每位负责人都在尽自己最大的努力去检查好作业,基本上不向老师求救了,补作业的同学也比较自觉了。我知道,同学们还会遇到困难,但我等着他们慢慢成长,慢慢变得坚强有力。

晚自习时,学生们自己在教室里写作业,挺安静的。平时我就经常跟同学们说,老师在这儿看着大家写作业不是好事,是在培养大家的依赖性。老师在与不在,都表现得好,才是最棒的。所以那天上晚自习时教室里既没老师监督,也没班干部监督。我就在办公室看看书、备备课。据课后了解,班上纪律较好,只有少数人偶尔很小声地说一下话,当然要委婉地给予批评。

不断地做思想教育,不断地信任放手,不断地加以改进,同学们的表现会越来越好。我常常想办法让同学们努力做到老师在与不在一个样,会自己学习,会自我约束,让每个同学力争做一个正直的人,为自己创造一个良好的学习环境。

赏识的力量

有人说，赞美和鼓励能创造天才，指责和批评能制造白痴。经常生活在赞美和鼓励中的孩子，往往很自信；经常生活在指责和批评中的孩子，往往很自卑。因此，我在教学中大力践行赏识教育。学生书写变漂亮了，背诵变快了，敢于积极举手回答问题了，能够大大方方上台表演了，等等，我全都会给予表扬和肯定，让学生感到快乐。

赏识，给孩子带来自信

在这方面，学生小王给我留下了深刻的印象。

他和另外三名女生是中途转到我班的。上第一节课时，我让这四位同学上台做个简短的自我介绍，以适应我班的学习环境并培养他们演讲的能力。

本来说让男生先讲，可小王在座位上静坐着，不肯上台。结果就有两名女生先主动上台讲了。等到第三名女生上台时，小王已是跃跃欲试，从座位上站了起来。可是动作慢了，还是让女生抢在了前面。之后轮到小王上台时，他就很大方地做了自我介绍。

我立即把小王的这一小小的变化讲给了同学们听，赞扬了他在这一瞬间的转变。这一次的赞扬鼓舞了他，后来他在语文课上一直都是很积极地举手发言。

他的语文成绩也有很大提高。小王曾经给我写过这样一段话："老师，我很尊敬您。您的鼓励成了我上课积极发言的动力！我认为您的最大优点就是会鼓励人。我觉得这样很好，可以增强同学们的信心。反正您是我见过的最好的语文老师。"

由此可见，学会欣赏学生，的确能让学生充满自信。反过来，学生其实也鼓励了老师。

赏识，让孩子走向进步

为了激励孩子们进步，我经常进行赏识教育，经常表扬他们。著名童话作家郑渊洁说："每天老师干的事就应该是滋养每一个孩子的尊严、自尊和自信。""我认为教育孩子的秘诀就是一条：往死里夸他！"这种做法经过很多教育家实践证明，是很有效的。

小瑞同学，上课默写要偷看几眼，我不批评他反而表扬他。因为他以前上课从不学习，而现在上课已经开始学习了。他做不出题想抄说明他想学好。如果不让他适当抄点，他或许干脆就不做了。所以想抄也是在进步。慢慢来嘛，做老师的不能操之过急。非让一个过去不学习的人现在一下子学很好，这也是不现实的。以后，再一点点去逐步提高要求。

小多同学，据说以前被人骗走过好几天。她上课爱说话，作业有时也不能及时交。但是有一天，她把老师布置的任务做得全对，于是我在班上表扬了她。第二天就发现她上课时比以前认真多了，也不爱说话了。

小俊、小金是一对同桌。两个人上课表现很不好，喜欢说小话，喜欢往后面望。今天早自习之前，他们主动打扫了教师办公室的卫生，并且提了一壶凉水烧。这样，老师们来上班时就有热水喝了。上早自习时，我马上表扬了他们的雷锋精神，并指出一个人这方面可能表现不好，但别的方面就可能表现优秀，以此让他们的优点来影响、遮住他们的缺点。后来上课时，我就发现他们听讲做题都非常认真，也不东倒西歪了。

美国心理学家威廉·詹姆士指出："渴望被人赏识是人最基本的天性。"表扬学生，学生是很高兴的。记得有学生在日记中写道："刚开学语文老师还夸我们好呢！"还有学生对其他老师说："我们语文老师还说我们是好孩子呢。"几个月过去，不少以前都不学语文的学生也开始学语文了。

我常想，见到那些不会听讲，不会学习的孩子，若他们狠狠批一顿，结果师生都会很生气。相反，平时多看到孩子的进步，多表扬孩子，他们会高兴，会渐渐有了学习的兴趣。看着他们有了一点点的进步，老师也高兴。

赏识，让孩子充满动力

早自习复习《杜甫诗三首》。在检查《春望》一诗的背诵时，小婷同学看起来好像会背。于是，我问："小婷是不是会背呀？"小婷点点头。这是我班学习最落后的

127

一个女孩子,个头小小的,平时什么题都不会做,从没回答过问题,但是这孩子很懂礼貌,无论何时见到老师,都会热情地打招呼,逢年过节必给我发祝福短信。

于是,我尝试着让她起来背给大家听听,看她究竟是不是真的会背这首诗了。其实,我也没抱多大希望。结果,小婷把前六句背得很熟练,只是最后两句我提示了一下,她也背完了。总之,以她过去的表现来看,已经有了很大进步。我提议,掌声鼓励。全班同学都友好地给予了热烈的掌声。我想,夸奖会给孩子前进的信心与动力。

于是,我顺便又表扬了本学期以来几个进步很大的同学,与过去相比,他们完全是发生了翻天覆地的变化。

小珍,现在上课认真听讲,认真做笔记,认真背书,态度真是踏实。以前,她无论坐在哪个小组都爱说小话,影响其他同学上课,没有一个小组喜欢她。她单独坐了很久。本学期,同学们让她回归小组。她现在能在小组坐稳,表现这么好,进步真是很大。

小洪,以前的每次考试中,他几乎都排在男生中的最后面。但是,上次早自习,我们进行古诗古文背诵比赛,他居然举手抢答了好几次,为本组争光不少。从以前根本不回答问题,到现在积极举手抢答,小洪进步很大,表现也很出色,值得大家学习。

小林,以前任性、霸道,让同学和老师都很烦恼。但本学期开学后,她也发生了很大的变化。上课学习态度认真了,为人处世也平和了,比以前好相处多了。于是,进步是自然的事,她也经常受到我的表扬与鼓励。

回想这一个个学生的进步,我鼓励全班说:"本学期许多同学都发生了很大的变化,进步很大,班级的学风也很浓。希望大家再接再厉,今后做得更好。"

就这样,一股无形的力量正推动同学们向着真善美的方向前进。

严爱相济，端正学生态度

学生犯了错误，老师当然会谆谆教导，令其改正。可是有时候老师的耐心并不能很快改善一个人，此时老师就需要以严厉的态度来警醒学生。但严厉并不意味着各种精神上和肉体上的惩罚，而是一种责备，一种气势。1937年马卡连柯曾说："假如我亲自主持一所学校，那我就不会采取任何惩罚措施，除了严厉斥责和开除学籍这两种情况外。"有些学生就需要老师辅以严厉的爱来教导，来让他醒悟，来让他明白宽容并不是纵容。

我班的邵成就是这样一个学生。他人高马大，不太爱说话，但说出来的话往往不中听。他上课常常爱睡觉，爱照照小镜子，理理头发，抠抠指甲等。虽然不影响别人，但也没搞学习。刚带他时我常找他耐心谈话，好言劝说。他也还听得进去，但过了不多久，又会犯老毛病。对于这样屡犯错误的学生，既要耐心教导又要严厉斥责，方能让他端正学习态度。

向学生道歉

上午第三节，语文课。

我正在给学生们上九年级上册的课后十首古诗，要求全班画出每首诗的重要句子，并记下这些重要句子的含义。讲完后，我要求学生们背诵并默写这些重要句子。

在我讲解的过程中，全班除了坐在第一组最后一排的大个子邵成同学没听外，人人都很认真地在做笔记。我看在眼里，想到了一个故事，即人大附中著名数学教师兼班主任王金战老师在上课时，只要有学生睡觉，就去向学生道歉，结果反而让学生不好意思起来。

于是，在我讲完重点，全班开始背诵时，我走到邵成同学面前，并请他来到后窗户旁。

我说:"老师要向你道歉,因为我的课讲得不生动,所以你不喜欢听。"

只见邵成说:"不是的。是我自己有时候想学习,有时候不想学习。以前的老师上课时,我也是这样。"

我赶紧说:"我知道其实你是很爱学习的。每次我一讲完,你就马上拿起同桌小伟的笔记抄。只是你的学习方法错了。大家做笔记时,你走神。大家开始背书时,你才开始抄笔记。等到大家已经背了很多时,你才开始背,肯定背得少。你总是用现在的时间补以前的时间,这叫拆东墙补西墙,学习效率就比较低。你说是不是?"

邵成点点头。

我又说:"这样,你以后按老师的要求去做,老师让干什么就干什么,提高学习效率。老师也想办法改进教学,把课上生动,好不好?"

"好。"邵成认真回答道。

我让他回到座位上,抓紧时间抄笔记、背书。

接着的第四节课也是语文。邵成一直都表现得很好,坐姿端正,背书认真,本次学习任务的默写也做到了全对。

走廊谈话

早自习,我布置了几首古诗的名句背诵及默写任务。但全班只有邵成既没有背诵,也没有默写,只是在座位上臭美,不是理理头发,照照小镜子,抠抠指甲,就是望着他旁边墙壁上乱涂鸦的文字。

他经常有这样的行为。尽管没影响别人,但也没完成自己的学习任务。全班就他一人漠视老师布置的任务,让人很生气。怎么办?要教好他,必须解决他的问题。

课间,他也一直没去办公室补课。于是,上午最后一节的上课铃声响后,我在走廊喊住了他,好好和他进行了一番谈话。

首先我说,老师找你谈话,不是来批评你、训斥你,而是来帮助你,改进你的学习。一开始摆明谈话目的,让他没有敌意,以便接下来他能够真心地、畅所欲言地与老师谈话。

接着回到语文学习上。我问:"在现在的几门学科中,你哪门课学得最好?"

"化学。"

"这次期末摸底考试,化学考了多少分?"

"刚及格。"

"语文呢?"

"比及格多一点。"

"为什么不能更好呢?"

"不想学。"

"那看来还是有问题了。"我继续说,"这样,我们俩一起改进。金无足赤,人无完人。老师也做得不够。我以后多请同学们提建议,多向大家请教,争取把课上生动。你也要改进你的缺点,上课不走神,认真完成任务,好不好?"

邵成点点头。在我的询问下,他也提了一点建议。比如课堂任务没完成,不让参加活动课,以给大家学习的动力。

最后回到早自习的任务上。我问:"早自习的任务你没完成,怎么办?"

"我中午背了,下午默写。"他说。态度已变好了。

原以为他还会是一副什么都不在乎的样子,没想到本次谈话他的态度挺认真的。下午课间时分,他也主动到办公室找老师,完成了早自习的任务。

最佳辩手

那时,学校的晚自习要上三节,我通常在第三节课时让学生们开展一些活动。

有一次,学生们自己组织了一场辩论会,辩题为"开卷是否有益"。正方由正语文科代表带领,辩题为"开卷有益"。反方由副语文科代表带领,辩题为"开卷未必有益"。

双方选手分别在讲台两侧就位。辩论开始了,双方的选手争辩都很激烈,时而引名言,时而举例子。偶尔有点跑题,主持人总能及时提醒大家收回来。

因为反方选手邵成说话极有气势,其他选手又准备充足,故最后反方获胜。

其中,同学们认为邵成善于列举生活中的例子,有说服力,又有气势,被大家评为"最佳辩手"。

最后,活动在主持人的引领下,在同学们的笑声、掌声中结束了。

拍案而起

这一个多星期来,邵成在课堂上屡次表现不好,一切照旧。因为犯了咽炎不便多说话,我便看在眼里,没批评他。

昨天上午,上完语文课后,我让他到办公室来,他一直没来。

于是,今天上午他来办公室交化学作业时,我把他喊了过来。

我问他:"昨天为什么在点名后,没来办公室?"

他无所谓地说:"上厕所。"

我不禁怒斥道:"你昨天每节下课后都在上厕所?整整一天都没空来办公室?"

他不耐烦地说:"不想来。"

"你还烦?你烦什么?犯了错误,你还觉得是理所应当?"我就料到一听他说话,就会激起我的愤怒。我当时立即一拍桌子,站了起来,不停向他质问。

然后,我又怒斥了他的个别不良行为及不良思想。刚开始,他还顶几句嘴,后来态度就比较好了,并保证以后上课认真学习。

今天嗓子舒服了点以后,我就想着要把邵成狠狠教训一顿,不能像以前那样和颜悦色了。对这类控制力差的调皮学生,就要严爱相济,双管齐下,既让他感受到老师的温和,又让他感受到老师的严厉。

背书比赛

今天早上学完文言文《得道多助,失道寡助》之后,我引导全班开展了一次背书比赛,看谁最先把这篇课文背下来。

在背之前,我还给全班讲了一个小故事。上届我教的一个小男生,5分钟就背下了这篇课文,被隔壁班的老师引为榜样。这个男生还说,文言文比英语单词好背。大家听后,都笑了。

在全班开始背诵后,我观察到每个人都很认真,连邵成也在很用心、很认真地背。

等到全班停下来,我检查背诵情况时,邵成主动站起来展示,还真的背会了。同学们立刻自发地给了他热烈的掌声。

最近这段时间,邵成进步较大。上语文课,他能够按照老师的要求学习了,基本上不再犯错,我也比较满意。像他这样的学生,今日能如此用心地背书,还真令老师欣慰。

又犯错了

冰冻三尺,非一日之寒。一个孩子的进步没有那么容易,总还会反弹。

有一次考试,邵成交了白卷。那么长的考试时间他全部荒废了,要么趴在桌子上假装睡觉,要么低头在桌子下做小动作。我本想课后找他谈话,但觉得话说多了不甜,于是就在考完后,当着全班的面批评了他的所作所为。一个顽固的人,居然在挨批评时始终低着头,没敢显出不以为然的样子。

又有一天早自习,他迟到了,全班就他一人晚到。我那两天正想找他谈话,没想到他又让我逮到了教育他的机会,正好数罪并论。

我批评了他,但话里也鼓励了他。

首先我质问他迟到的原因,质问他上次交白卷的事情。他都一一回答,在老师面前态度挺好。接着,我又鼓励了他,说他以前是每周被老师喊来谈话一次,现在虽又犯错了,但基本上过了两周才又被老师喊来谈话。希望在一个月后,老师才会再次和他谈话。老师不要求他立马改掉所有的毛病,但起码要让犯错误的次数越来越少,这就是进步。

最后,我让他走了。

温情的惩罚

早自习,邵成又迟到了。其实不止他一人迟到。但按班规,迟到的人都要站在教室后面学习,唯独他没有。我问他,他说不想站后面。我说:"那你写一份迟到的说明也可以。两者任选其一,迟到了总要受点惩罚吧。"

可一天过去了,他也没给我交来迟到的说明。我知道这是他的老脾气没改掉。正巧晚自习也是我的。

第一节晚自习下课后,我把他叫到办公室。首先问他为何没交迟到的说明,他没吭声。我又接着说:"一个人既要经受得了表扬,也要能正视自己犯的错误。犯错误后通常心里感到愧疚,而惩罚则是平衡我们这种心理的一种方法。你说是不是?无论哪种形式的惩罚,你总得有点表示。要不,下节课你给大家唱首歌或表演个其他节目以表示你的歉意?"

邵成笑笑,点头对我的说法表示肯定,并显得有点不好意思。其实他是一个比较腼腆的男生。对于我最后提的要求,他说:"第三节课时,我再表演。"

我说:"好,你下去准备一下吧。"

到上第三节晚自习时,我首先让他上台。他很大方地上去道了歉,但表演节目时显得不知所措,主要是平时没训练过这方面的才艺。之后,他请语文科代表起了个头,唱了首儿歌《两只老虎》,下去了。为了表示歉意,他以自己的节目给同学们带来了快乐。

我想,对于犯错误的学生,无论是严厉的惩罚,还是温情的惩罚,他总得选择一样去做。如果什么都不做,他就会继续走下坡路,很难长进。如果他很抵制严厉的惩罚,那么我们就给他以温情的惩罚,让他的心灵受到触动。

隔了一天,邵成早自习又迟到了。

在座位上磨蹭了几分钟后,他终于自己到教室后面站着学习。他能自觉地接受班规的惩罚,令人欣慰。

主动学习

早自习我发了一张试卷,只要求学生们做完一半即可。

可是第二节语文课之后,邵成居然来到办公室,要求把剩下的另一半也默写完。

于是,他就站在我的办公桌旁写着。

写完后,我批改了一下,只错了三个字。

第三节下课后,他拿着笔又来问我做题的情况。我表扬了他,并问他怎么突然表现这么好。

他不好意思地说了一句:"现在想学习了。"

一脸腼腆地笑笑,然后就马上走了。

有一次,我批阅全班写的日记。

那次大家写的是班上最能坚持做事的同学。

其中,小炎同学写的关于邵成同学的事迹,令人惊讶。

昨天,邵成很认真地听数学课,想睡觉时还打自己嘴巴,拧自己腿,令小炎同学感觉他完全不像从前她认识的那个不爱学习的人了。邵成还请小炎给他讲自己不懂的数学题,而且晚上的作业他也是自己做的。

于是,上课时我念了这篇日记,并重点表扬了其他开始发奋用功的同学。我还引用了爱因斯坦的名言:"人的差异在于业余时间。"告诉学生们利用业余时间做功课,将来的成绩一定会好。而业余时间只知道玩的人终将落后他人。然后全班开始自主学习。

圣诞卡片

上午课间,邵成走进办公室给了我一张自制的卡片。打开一看,原来是他自己写的一段最近的感悟,并以此作为圣诞节的礼物送给我。

这段时间他转变很大,由不爱学习变得爱学习了,连同班同学都觉得好像不认识他了。昨天有几位同学给老师们送了贺卡。我在班上讲了一下,若经济条件有限,又想送祝福,可以自己动手制作。今天邵成就不拘形式地来送礼物了。

平时,我批评教育他最多,结果他却很感激。

卡片上写着:

生我者未必养我

畏我者未必服我

反我者未必克我

宠我者未必益我

知我者未必懂我

强我者未必胜我

讽我者未必优我

求我者未必败我

诲我者必定施恩于我

老师,这即是我领悟到的,也是献给您的圣诞礼物,感谢您的教诲!礼轻情意重!

邵成

真心援助，触动学生心灵

当学生犯了比较严重的错误时，我们是应该批斗到底，让其颜面扫地，还是应该多多关爱，帮助其进步呢？我想到了一则寓言故事，即北风和太阳的比赛。北风与太阳要比比谁能把路上一位行人的外套脱掉。结果北风的寒冷让行人把外套裹得更紧了，而太阳的温暖却让行人脱掉了外套。我比较相信著名教师任小艾的一句话："爱是无坚不摧的。"

凡敏就是一位屡屡犯事的学生。在当时所有人都不看好她的情况下，我决定向她伸出援手。只要我提到她的问题，并表示理解时，她就会泪流满面。在老师的帮助下，她的语文一直保持着比较优秀的成绩。后来我还偶尔看见她在课堂上回答问题时面露羞涩之意，与从前那个狂妄的女生相比，真是大有不同了。她常常在写作中表达对老师的感激之情，说老师改变了她对学习和生活的看法。我想，其实是爱改变了她，是爱让她知道生活里不是只有批评和责骂，生活中也有欣赏与赞美，是爱让她成长为一个正直、大方的女孩。

拯救行动开始

提起凡敏——普通班学生，我的语文科代表，也是班长，老师们的一致评价是——狂妄自大、目中无人、嘴巴硬、不爱学习、上课爱说话、爱看闲书、不遵守纪律等。从开学至今，她已在办公室挨了两次批评，被家长、老师批得一无是处，颜面扫地。

第一次挨批评，是因为她在放学时间向低年级的几位女生拦路要钱，被校领导发现。处理这件事的过程中，她的嘴巴很硬，自始至终都不承认自己向别人要过钱。不过，第二天我在跟她私下谈心的过程中，她承认了。

第二次挨批评，是在昨天。她上英语课不听讲，还公然在课桌上看闲书。老师没收她的书，她非但不给，反而批评老师："我不听讲，你应该考虑一下自己的问题。"老师很愤怒，把她推到了办公室。班主任又把她爸爸请来，一起怒批了她。

在她爸爸临走的时候,我告诉他,要想孩子变好,只有一个最简单的办法,就是多鼓励她。当然鼓励也要讲究方法,要实事求是,不能滥用。从她爸爸的话里,我听出了两点意思。一是凡敏很聪明,有时她姐姐不会做的事,她都会做;二是她爸爸很想教好她,却无能为力。她爸爸是个脾气暴躁的人,喜欢以打骂的方式教育孩子。

从昨天下午起,我突然有一个想法。我想拯救这个孩子,让她从一个人人瞧不起的劣等生,变成一个人人喜欢的好学生。

原因有两点:一是我认为她本质上是很聪明的,很有潜力;二是我看到她每次挨批时或无所谓,或痛哭流涕的样子很可怜。

于是,今天上午她来交作业时,我让她到走廊,和她认真地谈了一番话。她又流泪了,却很坚强。

我首先告诉她,要化他人的鄙视为动力,从现在起好好学习,今后让父母放心,让周围人看得起。我问她,有没有发愤学好的勇气,有,我就帮助她。她说有。

然后我就开始帮助她。先指导她定个远期目标,比如将来考个大学;再定个近期目标,即考上一所好点的高中。

最后我帮她制订了具体的行动计划。我要求她把中考必考科目的书本从第一册到最后一册全准备好,每门课都买一个练习本。每天把每门学科的习题做一章节,从头捡起,不会的去问老师。每周交给我检查一次。

谈了一个课间之后,她回去上课了。

坐在教室最后

昨天上课时,我发现凡敏的座位被调到了教室最后,而且是单座。我心想,她又犯错了。其实,没有人喜欢犯错,没有人不渴望得到他人赞扬。这样的孩子最需要的,其实是周围人的爱与关怀。

既然要帮助学生,我就得随时跟踪、了解她的情况,并及时给予点拨。上午课间时分,我询问了一下她的计划,并略做了一点指导。

比如,中午时间可学习简单的科目,晚上时间可学习难些的科目,放学、上学路上每次记一个英语单词等。每次考试要关注自己在本年级的排名是否有上升,别人第一名或最后一名都与自己无关。要争取六个月后能冲进班级乃至年级前列,这样才能实现自己的中考目标。

成功的背后就是点点滴滴的行动。只要每天都在做,持之以恒,日积月累,就会产生惊人的变化。

相信只要她的成绩提升起来了,思想境界也就自然提高了,日后即便有所作为,也能包容一切人,甚至包括伤害过她的人。

第二天早自习时,我看到凡敏从教室最后又坐到了原来的位置上。她说,是班主任看她表现好,才让她又坐回原位的。

办公室谈心

上午放学之后,我找凡敏到办公室单独谈了一次心。

进了办公室,我让她搬了把椅子,坐在我旁边,并告诉她,老师就是想和她谈谈心。她听了很高兴。

我说:"看了你上次的作文《那一次,我很感动》,我感触很深。你在文中赞扬了父亲对你的鼓励和关心。对孩子而言,还是自己的父母最好。他们若是做了一件让你感动的事情,你就会牢记一辈子,是不是?"

"嗯。"她点点头。

"当初大家都不看好你时,我开始帮助你。你父亲不知如何教育你,在那次事件临走时最终听了我的话,回家后开始鼓励你。结果鼓励你并没让你变坏,反而让你变好了。是不是?"

凡敏咬紧双唇,点点头。

我接着说:"你看过电视剧《我的青春谁做主》吗?"

凡敏说:"看过。"

我说:"只要你现在发愤读书,我觉得你将来就可能像剧中的赵青楚一样,成为一个年轻漂亮、聪明能干的女律师。以前不是有同学说,你和邵成同学很会说话,建议你们将来当律师吗?"

凡敏很高兴。

"但是,只有有知识、有文化的人将来才能办成大事。没文化,即使遇到了天时、地利、人和,也最终难成大事。我曾在中央电视台听过一期讲述中国历史上关于农民起义的评论,为何农民起义最后都失败了,就是因为领导人文化水平太低。其中,他们读书最多的也只是个秀才,相当于现在的小学生水平。因此,你一定要把书读好,将来成为一个真正有文化的人。"

凡敏很努力地点点头。

"以前我让你把中考的所有科目都从头开始捡起来,认真学一遍,并每天做点作业,每周交给我检查,结果你没有。"

"我忘了。"

"其实检查只是一种形式。即使你给我检查了,也未必就有用。只要你在用心复习就行了。"

凡敏听得很认真,不断点头。

今天找她谈话,主要还是因为对她的自学不放心。

"总之,老师今天找你谈话就是想激励你,希望你将来有一个美好的未来,上一个好学校,有一份好工作。老师觉得你很有潜力,特别喜欢你,希望你将来能够成为老师的骄傲。"

我们又聊了一会儿。走时,学校里的师生基本上都回家了。

我想,咱们虽不能像名家那样教出来的学生个个都是精英,但作为一名平凡的老师能教育好一名后进生,也是人生的一大快乐。

又犯错了

后进生的前进道路往往是曲折的、反复的。没有哪个后进生能一夜之间完全变好。这主要是因为他们头脑里的负面思想太强大,而正面思想太弱小。但如果能精心培育,积极的思想也会长出参天大树,负面的思想则会被压抑,变得弱小,不易崭露头角。

这不,凡敏又犯错了。

上周日,她去给一小学同学过生日,从下午一点玩到晚上九点才回家,而她父亲要求她五点回家。她没做到,她父亲让她永远不要回家,否则回去就要挨打。星期一的一整天,她凑合着在同学家过。

做了一整天的思想斗争,她决定向我求救。

星期二上午,她向我哭诉了事情原委。晚自习时,她请我给她父亲写封信,帮她做做父亲的思想工作。我答应了。她在教室里照看纪律,同学们在写作业,我就在办公室给她父亲写信,劝父亲耐心教育孩子。放学时,正好写完,让她带回去交给父亲。

星期三,听说她父亲还是嘴巴硬,仍说让她滚出去。后来就没听她说什么了,估计父女俩已和好。

才过了一个星期,谁知她今天又犯错了。据说是她带了几个人,下晚自习后跑到一所重点中学,自己动手打了一个男生。之前,该男生已被她打了三次。打完后她还恐吓该男生不准告诉大人。

今天上午,双方的父亲都来到了办公室。老师和家长们都对她甚是失望。

真不知,她未来的前途会如何?能否走上正路?

毕业之后

时间过得很快,不知不觉学生们都毕业了。

有一个周末,几个学生回母校与老师们聊天。在办公室,凡敏与几个女生还是很活泼,很开朗,孩子们一个个都聊得很愉快。我也跟大家聊了几句。

从中得知,凡敏在一所职高选择了导游专业。她上学时就喜欢旅游,所以就选择了这个专业,而且当导游可以免费游览各地风景。看来,孩子们都是很有自己想法的。

后来,凡敏还经常跟我短信聊天,我也照旧经常鼓励她,让她好好学习。

又有一次,她来学校看我,告诉我,老师让她当学生会主席。我说,挺好啊,说明你表现好,老师看重你,喜欢你。

她还说,前几天她们学校里发生了一件大事。一个原来跟她玩得好的女生,想打别人,喊她一起去壮壮威。但是,她想起我对她说的话,就没答应。她朋友感到很奇怪,说不知怎么回事,她变了,跟以前完全不一样了。后来,那个女生聚众打架,被学校处分。凡敏说,幸好她听了我的话,没有去,否则受处分的就有她了。我听了很欣慰。

她还说,她经常跟别人说上初中时遇到了一位好老师,要不然都不知道她现在会是什么样子。

有一回,她告诉我,她想在寒假里去一个酒店打工,挣了钱要送我一份礼物。我说,不用啦,有这份心就行。后来,她妈也没让她去那儿打工。

实习期间,她已经旅游过好几个地方。她还说,以后到了好地方,要给我们班的每个老师买个纪念品。其实,礼品不需要,有这个想法,有这份心就好。

再后来,可能参加工作后她渐渐忙起来,我们之间就没了联系。

希望她生活得幸福快乐。

及时跟踪，帮助学生进步

平时，在学生们的学习或心理上出现问题时，老师要及时跟踪，细心帮助，不断关爱。人都是有感情的，在老师的关爱下，学生的学习态度往往会向好的方面发生改变，从而不断取得进步。

缓慢的孙鹏

孙鹏是我班的一位后进生。

据说，他小学时没好好上完，基础非常薄弱。那时，他主要在武校学习，以练武强身为主，没重视基础知识的学习，所以学习成绩一般。上初中后，过去的两年里也没好好学习，几乎从没做过家庭作业，表现不好。进入九年级后，我才开始接触这个学生，慢慢了解他。

平时，在老师的帮助下，他的语文虽然每次基本都能考及格了，但最令人不放心。一是他的字写得差，潦草；二是他的书写版面混乱，不能一行行写整齐，一题题排列好；三是每次听写都没法写全，只能写一部分，而其他同学都能把听写写全。

后来，我发现他的理解能力较好，但在背书、记诵知识方面太弱。这就像从不长跑的人，刚开始跑一会儿就会气喘吁吁；而天天练习长跑的人，随时都会跑得很轻松。他有一定的学习能力，老师要求做的事情也基本上能做到，只是速度太慢。

一个背诵任务，也许同学们半节课就背住了，他却需要一节课。为了帮他多储存一些基础知识，加强他的记忆能力，巩固所学内容，我经常在他上课的任务没能当堂完成时，找课间时间给他补课。

但下课时间太短，时间一长，落下的任务多，他就没能及时补上。怎么办？我想到了家长。我决定发动家长的力量来一起帮助他提高学习成绩。

记得有一次，全班考试，做了一套基础知识的测试卷，只有孙鹏同学不及格。

上午第二节课后,我给他布置了两张试卷,一张是文言文《唐雎不辱使命》的检测题,一张是名著导读及古诗文、俗语等名句的默写。我要求他从现在起至国庆节长假结束期间,背住并默写好,让家长签字。我还给了他全班做得最好的同学的试卷,以便让他背住最准确的答案。

　　我让孙鹏写了家庭联系电话,他也要了我的联系方式。

　　临走前,他说了句:"谢谢老师。"这是孙鹏身上最令我感动的地方。我给许多后进生补过课,他是第一个对我说感谢的。

　　中午,我给他家里打电话,是他爸爸接的。我说了两层意思:一是让父母监督他背住两张试卷,在他默写完后签字。千万不能让他抄,必须会背。国庆节后,交给我检查。这是开学一个月来,最重要的语文知识点。孙鹏只有在家全都会背,才能确保十月八号的月考考及格。二是提醒他们注意家庭教育的方法,即要多多鼓励孩子,千万不能打击和批评孩子。孩子知道老师、父母都关心他,带着感动的心情学习肯定比带着厌烦的心情学习要学得好、进步快。

　　孙鹏爸爸很客气,很感谢老师。

　　晚上,孙鹏妈妈又专门打电话来表示感谢。我们聊了很久才结束通话。

　　看来,家长们都很关心孩子,很支持老师的工作。老师把教育好学生当成自己的事情,家长把教育好孩子当成自己的事情,家校合力,这个孩子一定会有很大进步,一定能教育好。

　　十月五日上午补课时,我收到孙鹏默写的试卷,写得很好,上面有他妈妈的签字,的确按时完成任务了。这两节课孙鹏的听讲效果、做题效果也很好,比有些原来比他成绩好的学生还好。

　　后来,还有一次复习,我报听写,点他上台演板。因为报听写的内容比较多,所以他足足写了满满一黑板。这孩子个头高,又有劲,才能一直坚持写下来。看着这满满一黑板的听写答案,准确率也高,我心里挺感慨。想想看,一个过去从来没写过作业的孩子,现在能记住并写上这么多的知识,真是挺不错的。有进步,心里默默为孩子点赞。

　　平时,孙鹏妈妈对他的学习一直都监督得很好。在老师与父母的关心下,孙鹏也愿意学、喜欢学。总之,他的学习基本上能与全班同学一起进步。

　　看来,只要老师关注、重视这个学生,这个学生就能学得更好。因此,老师要努力把爱的阳光播撒到每一个后进生的身上,让所有的学生都学有进步。

任性的齐飞

中午看到《论语》中的一段话："默而知之,学而不厌,诲人不倦,何有于我哉？"不禁很有感触。前两条好做,后一条就需要极大的耐心了。

齐飞是我班的一位后进生。刚进入九年级的时候,我问他："你知道你八年级下学期期末考试的语文成绩吗？"

他说："知道,考了八十多分。"

语文试卷120分为满分,72分以上为及格。其实,他只考了58分。看他满脸自信的样子,我没打击他,只说："不错,能在及格线以上就好。今后要继续努力。"

这次小谈,他还比较高兴。

进入九年级后,齐飞的语文一直保持在及格线以上。但他最大的问题是,做题速度慢。考试时间对他来说,总是很紧张。他常在考试结束前15分钟才慌着写作文。通过老师的不断督促与提醒,通过平时的一些考试训练,齐飞渐渐提高了答题速度,对学习也越来越有兴趣和信心。他常常主动举手要求回答问题、背书、演板。

在学习之外,他还有一毛病,就是任性,爱耍小性子。

记得有一天早上,齐飞上学迟到了几分钟。我问了一下他为什么迟到,结果他满脸气愤,嘴巴紧闭,根本不回答。为了不耽误他的学习,让他赶紧背书,我就让他先回了座位,准备晚点再解决他迟到的问题。

谁知第一节数学课,他又犯错了。第一节刚下课,老师还在教室,齐飞就站起来下座位了,而且还在吃东西。数学老师很生气。

两件事归在一起,老师们觉得他今天很反常。班主任听后把他叫到办公室,让他分别给我和数学老师说清楚原因。

齐飞就先来到我旁边。我正在改作业。谁知他一来就不停抽噎,后来哭了起来。他说今天早上跟父母闹矛盾了。我忙给了他一张餐巾纸让他擦眼泪。

通过细心交谈,我了解到他今天迟到的真正原因。

原来是因为天冷了,他想买一件羊毛衫和一双厚鞋子,他爸爸没意见,但他妈妈不愿意。在家里,他爸爸常顺着他的意思,但他却常顺着妈妈的意思。妈妈的不同意,让他很恼火。

早晨和父母吵了几句,哭了一场,就出门上学了。心情一直不好。

齐飞虽长着高高的个子,却像个小孩子,遇事还要哭一哭。

听完后,让人觉得他今天迟到的原因很好笑,不就是一件小事嘛。

但仔细一想,我们每个人在家里,也会经常因为一些小事情导致与家人意见不合,而让自己十分气愤,甚至于因为一些小事情而吵架痛哭。所以我能理解他。

接着我们一起商量解决问题的办法。

一是今后有什么事情不要憋在心里,找个好朋友说出来,也就没事了。有些事情闷在心里觉得是大事,但说出来了也就感觉好像没什么事了。

二是关于买衣买鞋的事,齐飞说衣服买不买都行,至于鞋子,爸爸说好今天放学后给他买。

三是给数学老师说清楚下座位的原因和吃东西的原因,并诚挚道歉,老师是会理解的。

他说,当时下座位,是因为作为班长他要检查同学们课间做眼保健操的情况,以为老师要走了。吃东西是因为没吃早饭太饿了,早上那会儿都气饱了。

我告诉他,今后无论有什么事情,都应学会尊重自己周围的人。

第三节课,齐飞在教室里上语文课,表现很好,学习很认真。

下课后他到数学老师、班主任那里诚挚地道了歉。

看到他当时上语文课认真学习的样子,我想到了一句话:"先处理心情,再处理事情。"的确,一个人心情疏通了,他才会沉下心来把事情做好。如果不问青红皂白,很气愤地批评指责一番,这个人肯定也不会有好心情,更别谈把接下来的事情做好了。

这一次,在老师们的教育下,齐飞改正了错误。可后来又有一次,上早自习时,他一直趴在桌子上不学习。下课后一调查,原来只是因为早上没吃到饭,肚子饿。仅仅因此而耽误学习实在是不应该。课余时间,我又当了一回心理医生,疏导了他的心理,同时让他把早自习落下的任务补上了。

从他任性的这个毛病上可以看出,我们老师对学生,尤其是对后进生,真的需要极大的耐心。

班会：友谊地久天长

进入初中有半年了，学生们也渐渐熟悉了中学的生活，彼此之间的交往也越来越多了。因为毕竟是孩子，他们在与本校同学的交往中难免会出现一些问题，尤其是男女生之间的交往。针对这一现象，我利用一节班会课专门做了一次有关初中生青春期交往的讲座，以便让学生们明白青春期的特点，以及青春期应如何与同龄人交往。

老师（导入语）：同学们从小一路走来，身体在成长，心理也在成长。在成长的过程中，我们会接触到形形色色的人物。那么，我们该如何与人交往呢？本节班会课，我们就来探讨这个问题。

一、青春期的心理变化

老师：人生在不同的阶段，会有不同的心理特点。小时候，我们非常依赖父母；进入中学后，也进入了青春期，我们变得既想依赖父母，又想独立行事；等到参加工作了，我们才真正地走上了独立。所以，青春期是一个人成长过程中的过渡阶段。现在，同学们说说，你们在青春期，心理发生了哪些变化？

学生1：出现了逆反心理，有时候不想听父母的话。

学生2：出现了莫名的忧郁、烦恼，又不愿和爸爸妈妈说。

学生3：喜欢交朋友，希望自己能得到朋友的欣赏。

学生4：进入青春期，既有了独立意识，但又有较强的依赖性。

老师：是的，同学们此时既依赖父母，又开始结交更多的朋友。无论是同性朋友还是异性朋友，我们交往的范围越来越广。那么，请同学们想想，青春期多交朋友是好还是坏呢？

二、分析青春期交往的利与弊

学生:我觉得青春期的交往有好处,也有坏处。好处是,自己拥有了很多好朋友,大家在一起很开心。坏处是,经常跟好朋友在一起玩,会影响学习。

老师:你是一个性格活泼的同学,人缘好,朋友多,跟谁都合得来。的确,青春期的交往有好处也有坏处。下面我们看看大屏幕的介绍,这里主要谈的是对男女同学交往的看法。

(请三位学生分别为大家读一读男女生交往的好处、坏处和几个案例。)

老师:通过学习,我们知道了青春期男女生之间的交往有一定的好处,可以激发自己展示美好的一面,也可以在心理发展上达到平衡和互补的作用,还可以促进人格的和谐发展,避免交往的不适。但其中的坏处也是明显的,一则会耽误学习,二则有可能发生自己意想不到的后果,伤人伤己。在这些案例中,里面的中学生便是因为冲动,因为无知,因为幼稚,伤害了他人身体,甚至酿成命案,悔不当初。

老师:针对早恋,同学们必须要有清醒的认识。对异性同学有好感,是一种很正常的心理。爱情也是每个人一生中必须要经历的。但是,大家要注意,爱情如一枚苹果,刚长出来,就摘下来吃,味道是又酸又涩的;等它长成熟了,再摘下来吃,味道才是香甜的。

老师:上中学时,你要谈恋爱,几乎所有的长辈都会反对,因为时机还不成熟;等你成年了,参加工作了,若再不谈朋友,你的家长都会着急的,会经常催着你去谈朋友。那么,在青春期,男女生应该如何交往呢?在这里,老师给同学们提三点建议。

1.分清重点。人生不同的阶段有不同的重点事情要去做。儿时玩耍,少年学习,青年成家,中年立业,老年休息。青少年时期应以学习为重点,在吸收知识的黄金时期快速增长智慧,增长本领。同异性的交往应该如与同性一样,是以获得友谊为目的,不以恋爱为目的。

2.学会交流。不少的中学生自认为长大了,思想成熟了,因而与父母的关系也开始疏远、陌生了。他们每天来去匆匆,在家的时候,常常把自己关在小屋子里,虽与父母同处一个屋檐下,却犹如生活在两个世界。只有与父母、老师加强沟通,才能得到有经验的长辈的帮助,避免误入歧途。

3.学会交友。应采取集体的异性交往形式,而避免"一对一"的单独约会。集体的异性交往可以开阔每一个人的眼界,不使自己对某一位异性"想入非非",它是培植异性友谊之花的沃土。

三、学习《论语》中的交友智慧

老师:中国古代的很多圣贤学者都曾经告诉我们应该怎样交到好朋友。今天,老师就带领大家学习一下《论语》中的交友智慧。

老师:《论语》中有一句话告诉了我们如何来分辨好朋友和坏朋友。这句话就是:"益者三友,损者三友。友直、友谅、友多闻,益矣;友便辟、友善柔、友便佞,损矣。"什么意思呢?

(多媒体展示)意思是:"有益的朋友有三种,有害的朋友有三种。结交正直的朋友,诚信的朋友,知识广博的朋友,是有益的;结交谄媚逢迎的人,结交表面奉承而背后诽谤人的人,结交善于花言巧语的人,是有害的。"

老师:先说三种好朋友。正直的朋友,可以给我们带来正能量,让我们行事果断,处世端正。跟正直的人交往,自己也会变成一个正直的人。诚信的朋友,可以让我们放心,可以让我们的交往顺畅。而知识广博的朋友,更是能让我们学到很多东西,让我们受益多多。所以,在生活中,我们要多交这样的朋友。

老师:再说三种坏朋友。谄媚逢迎的人,在我们人生得意时就凑过来想沾沾光,而当我们失意时他又会快速离开。这是一种非常自私的人,不值得交往。表面奉承而背后诽谤人的人,更要不得。他会迷惑你,让你被人陷害了,都还不清楚。他会让我们在不切实际的飘飘然中,迷失自己,一无所有。善于花言巧语的人,说得好听,却做得不行,一事无成,与人无益。所以,在生活中,我们要擦亮眼睛,避免交到这样的朋友。

老师:我们一起来读读这句话,并把它背下来。

(学生齐读并背诵。)

老师:但是,交到好朋友是不是就意味着要打成一片,无所顾忌呢?当然不行。与朋友交往也是有一定原则的。跟真正的好朋友相处,一定要掌握好分寸。《论语》告诉我们:"侍于君子有三愆:言未及之而言谓之躁,言及之而不言谓之隐,未见颜色而言谓之瞽。"什么意思呢?

(多媒体展示)意思就是:"侍奉在君子旁边陪他说话,要注意避免犯三种过失:还没有问到你的时候就说话,这是急躁;已经问到你的时候你却不说,这叫隐瞒;不看君子的脸色而贸然说话,这是瞎子。"

老师:也就是说,我们在跟朋友们一起说话的时候,不要毛毛躁躁地抢着说,也不要吞吞吐吐地不肯说,更不要没眼色地胡乱说。这样都是不好的,会让朋友看不起自己。友谊是需要呵护的。只有把自己做好,才能让自己与朋友的情谊更上一层楼。我们一起来读读这句话,并把它背下来。

(学生齐读并背诵。)

老师(结束语):最后送同学们一句话:"君子之交淡如水。"真正的友谊,如水,清澈、透明、平淡。它超越一切世俗功利,缓缓向前。愿每一位同学都有智慧,都能交到好朋友,并能用心呵护好自己的友情。让美好的友谊如淡淡清水,徐徐前行,地久天长。

教育是关注心灵的艺术

"浇树须浇根,育人先育心。"

的确,教育是一门关注于心灵的艺术。正因为人的心理变化是看不见的,所以教育的方法往往会令人难以捉摸。人们常常不能一下子就明白什么是合适的教育方法,而只能凭着感觉去做。

工厂里生产产品,工人们知道采用哪些正确的方法,才能生产出合格或优秀的产品。可是在学校或家庭里教育孩子,却没有这么简单,我们不一定能清楚地看到应该采取哪些正确的方法才能培养出合格和优秀的孩子。

因此,只有了解孩子的心理状况,才能拿出有效可行的教育方法,从而培养好一个孩子。

学会适当剥夺

最近,有两项作业总有学生交不上来。负责这两项任务的两位班干部已经尽了最大努力,可每次都还有人交不了。

其实,这些作业对他们来说并不难。在老师面前,他们一会儿就写完了。可每天都有作业,不可能每天都让老师去督促他们,强制他们完成作业。而且,这样做没什么效果,也没意义。

碰巧,看到一篇文章《惩罚你,不让你写作业》。作者认为,孩子天生不反感写作业。写作业本是一件好事,正如饼干也是好东西一样。假如一个小孩每天吃五块饼干刚好,可是他哪天少吃一块,就罚他吃十块。下次再少吃一块,就罚他吃一百块。那饼干在孩子眼里就变成了可怕的东西,以后可能就再也不喜欢吃饼干了。

平时,只要学生未完成作业,作为老师,往往只想到罚这个孩子补上或多做点,怎么就没想到反其道而行之呢?写作业是件好事,又不是坏事。他既然不愿意写作业,为什么不可以罚他不许再写作业了?

也许这样做了,学生可能会反过来想,写作业其实是有很多好处的,可能就没有了对写作业的逆反心理。

"想让一个人喜欢或珍惜什么,就不要在这方面给得太多、太满,更不能以此作为交换条件或惩罚手段,强行要求他接受,而是适当地剥夺,让他通过危机感和不满足感,产生珍惜感。同时最重要的是让他在行事过程中伴有愉快感、成就感和自尊感。"作者如是说。

由此可见,想让一个人喜欢什么就适当地不满足他,想让一个人讨厌什么就尽量地满足他。拼命地罚孩子写作业,不仅不会让孩子喜欢上写作业,反而让孩子从此讨厌写作业。所以,在孩子不好好写作业或不想写作业时,就别让他写了。等他想写作业时,再告诉他,要写就好好去写。

于是,在上晚自习时,我宣布凡是上次未交作业的人,今后不用再写作业了,负责人也不得再去检查他们的作业。如果任何人有什么要求和问题,可课后找老师谈。

在我的意料之中,下课后就有学生主动到办公室来找我,说他们要写作业。看来,再淘气的孩子也都想与全班一起完成任务嘛。

在第二天的日记中,小奇同学说,他们还是很想交作业的,因为作业其实很简单,他们花很短的时间就可以把作业写完。

只有自己想主动写作业,做作业才有意义。每个孩子在内心深处都是想做个好学生的。在全班同学面前,谁都会认为,完成作业是一件光荣的事情,而不写作业则是一件很不光彩的事情。激发学生的自尊,他们才能去感受到学习的愉悦。所以,好好完成每天的家庭作业,才是正确的。

学会逆向思维

其实,在孩子学习的过程中,有很多事情,我们都可以反过来进行思考,效果或许会更好。

例如,监督孩子学习是不正确的。

人的天性都是追求自由的。任何一件自己热爱的事情被变成了一项需要监督完成的活计,其中的兴趣就没有了。

如果在监督之下,孩子做得很好,那孩子也基本上是做给他人看的,不知不觉孩子的依赖性就被培养起来了。日后若没人监督,他还会不习惯呢。

如果在监督之下,孩子仍然表现得很差,那做教育者的就往往头疼万分,无能为力了。

所以,我们要经常培养孩子自主学习的能力,少监督或不监督,让孩子明白学习其实是自己的事情。

再例如,经常指责孩子笨是不正确的。

当孩子成绩不好时,人们往往说孩子本身就笨,而不知道还有其他原因。

科学研究发现,出生时身体健康的孩子其智商都是差不多的。孩子们后来的学习成绩好坏的差别,主要是在非智力因素上。

成绩优秀的孩子往往有着良好的习惯、坚忍的毅力、注意力集中、目标明确等特性。而成绩差的孩子正好相反。在这些非智力因素上表现良好,才会在智力上表现良好。

大人经常指责孩子笨,会让孩子形成思维定式,让孩子认为自己真的很笨,便不再好好学习。其实有些孩子在适当的鼓励和欣赏中,是能够慢慢进步的。

对这样的孩子,变指责为鼓励,才能取得更好的教育效果。

再例如,孩子犯错误了,就动辄把他批评一番或打骂一顿,这种做法同样是不对的。

正如人的皮肤受伤了自然会感到痛一样,孩子在犯错误的时候自然会感到难过。这时候我们应该关心、帮助孩子,让孩子明白以后遇到同样的事情应该怎样做,从而帮助孩子快速复原心灵的伤口。批评或打骂只会让孩子更难过、更痛苦,这无异于在孩子的伤口上撒盐。

……

由此可见,在教育孩子的问题上,我们可以适当地学会采用逆向思维。传统的想法未必都正确。只有我们明白学习者的心理状况,才能对症下药,拿出正确的教育方法。因此,请在关心孩子的时候,拿出教育的智慧,让孩子主动地学习,快乐地进步吧。

思想教育,需要经常渗透

处于青春期的中学生,身体正在快速地成长,思想也应该快速地提升。然而由于知识经验少,辨别是非能力差,学生很容易受到各种思想的影响。因此,教师尤其是班主任如果经常对学生进行优质的思想教育,可使他们形成良好的品德,从而促使他们的身心健康成长。

思想教育是无形的,却最能让人受到触动。一次次的教导,如春风化雨,可慢慢滋润学生稚嫩的心灵。学生在成长的过程中,需要我们不断地呵护,不断地教育,他们才能发展得更好。

奉献教育

"生命的意义在于奉献,付出比索取更快乐。"

这是我看到了几位班干部的优秀表现,在班会上专门提出来的。

劳动委员小佳等人,每天都在为班级劳动,身体力行,做在前面;文艺委员小玉等女生,利用双休日,牺牲休息时间,为班级设计黑板报与文化墙;负责发放学生牛奶的小晖,把自己的三盒牛奶送给了小丽同学。

我对全班说,这些同学的行为很令老师感动。正是因为同学们无私的奉献精神,以及每位同学的努力,我们班才会越来越好。希望有更多的同学发挥出自己的主动性,积极为班级服务。

宽容教育

"生活上宽容忍让,学习上寸步不让。"

这是我针对学生小明的一些行为提出来的。

一次全班换位子时,茜茜同学不小心挤掉了他的书,他很气愤,扬言放学后要打人,吓得茜茜都哭了。后来小明并未打人。但就此事,我专门开了一次以"宽容"为主题的班会。学生们谈了班上的一些不宽容现象,又举出了一些中外名人宽容的事例。

我补充讲道,其实《西游记》讲述的就是孙悟空从一个小孩子长大成人的故事,最后他终于懂得了宽容,懂得了"得饶人处且饶人",不能动不动就一棒子把人打死。

其中,我还给学生们讲了法国作家雨果的一句名言:"世界上最宽阔的是海洋,比海洋更宽阔的是天空,比天空更宽阔的是人的胸怀。"

本次班会给学生们留下了深刻的印象。后来在一次语文考试中,作文题目是《十二岁,我多了一份＿＿＿》,不少学生填的是"宽容"一词,并引用了雨果的这句名言。

生活中,学生们越来越懂得宽容。

自省教育

"优秀的人从不抱怨,不抱怨的人最好命。"

这句话是我在新华书店的一本书的封面上看到的,非常适用于我班的学生。

我班有个别女生一遇到问题特别爱抱怨别人,而不知道反省自身。因此,我让学生们把这句话写在了语文书的扉页上。

之前,我还在班上让学生们张贴过类似的格言:"反省自己是成功的开始,抱怨别人是失败的开始。"引导全班同学遇到任何事情都应该善于反省自己。只有这样,自己今后才会越来越有进步。

这一理念的提出,对此类学生有所帮助,其抱怨的思想行为有了收敛。

约束教育

"在学习上跑步前进,在活动中稳步前行。"

这是针对课余时间班上男生的疯闹现象提出来的。喜欢疯闹,是初一新生的一个普遍现象。

初一上学期我班也有疯闹现象。例如小谭与小张课间推搡,撞破玻璃,又自己赔偿安装好;晚上放学后,小赵疯跑,把小王左臂撞青,两人最后经过调解言归于好;小程与小雷中午疯打导致不愉快,经过教育都认识到了自己的错误。针对这些现象,我在班上特提出此口号,以引起同学们的警惕,从而让同学们平时懂得约束自己的日常行为。

没有孩子喜欢麻烦上身,只是幼稚贪玩。后来,随着年龄的增长,随着约束教育的渗透,学生们也越来越懂得约束自己的行为了。

能力教育

"生活能力与学习能力是相通的。"

这是我在班上选举班干部时提出来的。因为能办好事情的人都是聪明人。

经常为家庭、为班级做事,能锻炼自己各方面的能力,无形中提高了自己分析和解决问题的水平,学习成绩自然好。

我经常强调,同学们在家里要多为父母做事,在学校要多为班集体做事。办事能力强,学习能力才强。因为人的能力是相通的。

后来,就听到有家长说,孩子在家越来越懂事,能主动帮忙做事了。在学校里,不少孩子也愿意主动地做一些事情。这样的孩子,学习自然也很好。

责任教育

"对自己负责。"

有一次,针对个别学生在学习或生活上的懒惰思想,我对全班进行了一次思想教育,主题是"对自己负责"。

我说,成长不能替代,发展只能亲历。每一天,同学们的年龄在增长,身体在成长,思想也应该同时成长。我们做的每一件事都要对自己负责。无论是开展学习活动,还是进行劳动、体育等方面的锻炼,都在促进同学们更好地成长。希望同学们在每一个方面都能做好。你认真做好每一件事,就是对自己负责任。

中午打扫卫生时,值日生都很积极,还有的同学主动帮忙拖地或擦楼梯、墙裙。

当天的日记中,很多同学都谈到了这一点。

小丽同学说:"自己才是生命的主宰。要对自己负责!对自己负责,便是在落后时鼓励自己,在放松时提醒自己,在懒惰时警告自己!"

小婷同学说:"我们要对自己的健康负责,对自己的学习负责,对自己的环境负责,因为一个对自己都不负责的人,怎么会对他人负责呢?所以,我们一定要对自己负责,对自己的明天负责!"

随着班级情况的变化,我会随之进行相应的思想教育。这些思想教育,不过就是在班上经常渗透,多谈谈,多讲讲,多说说,让大家能经常感受到优秀思想的熏陶,时时受到勉励。一个班级,有形的制度约束,再加上无形的思想渗透,学生们才会不断成长,不断进步,越来越好,呈现出欣欣向荣的局面。

第四辑 学生心灵,在呵护中成长

家校合作，助力孩子成长

在学校里，老师们开展的是共性教育。同一个时间，同一间教室，同一个老师来授课，所以课堂上每个孩子的学习表现都差不多。

但在家庭里，孩子们接受的往往是个性教育。不同的家庭，不同的家长，不同的影响，给每个孩子带来的成长肯定也是不同的。

家庭是每个孩子成长的温馨港湾。而家庭教育是学校教育的根基。一个孩子能否更好地接受学校教育，往往与其家庭教育的影响有关。

为了更好地帮助孩子成长，老师常常需要跟家长保持联系。因为我们有一个共同的目标，那就是教育好同一个孩子。他既是家长的孩子，也是老师的学生。这样，家长与老师很容易积极配合，达成共识。只有家长的影响与老师的教育相互配合，有效合作，才能更好地促进孩子的成长。作为老师，如何开展好家校合作？我认为最基本的就是做好三个方面的事情。

建立学生档案

新接手一个班级，老师应该建立一份学生档案。这样，既可以快速了解每个孩子的基本情况，又可以为今后的工作打好基础。

学生档案主要包括两方面的内容。

一是孩子的基本情况，如姓名、性别、民族、出生年月、家庭地址、身份证号、身高、体重、视力等。

二是家长的基本情况，如监护人（父母）姓名及其联系电话等。

档案的建立，需要三步来完成。首先是收集信息，请每个学生填写好自己及监护人的基本情况信息；然后是整理信息，老师可以做成电子稿，也可以做成纸质稿，要准确清晰；最后是完善信息，平时有哪些微小的变化，老师要及时调整好，以方便自己开展工作。

建立了班级的学生档案,平时工作就有了一个良好的开端。老师在工作中需要与学生或家长沟通,才能做到心中有数。

老师走进家庭

平时,学生没有问题,与家长交流是起预防作用;学生有了问题,与家长交流是要解决问题。

现代社会,交流的方式越来越多元化。电话、短信、QQ、微信等等,都可以很便捷地与人交谈。

老师与家长要想进行交流,既可以通过这些便捷的方式来沟通,也可以抽时间走进家庭。有时候,如果我们能深入学生家庭,便可以更好地了解学生的实际情况。

一个星期天的上午,我带着孩子出去走走,家访了三位男生。那次,通过开展"课外访万家"活动,我了解了不少学生的家庭状况,增进了与家长和孩子的交流。

小爽同学,父亲是某运动品牌连锁店的经理,母亲是某超市的主管,家庭条件较好,孩子在家也能上网。孩子的成绩一直处于中游水平,我就给他定了一个更高的目标。同时,希望父母平时在家多培养孩子良好的生活习惯。家长和孩子当然很积极地配合。

小昊同学,父母在学校附近的一个小区租房居住,但已在市区其他地方买了新房,正在装修。妈妈很关心孩子的学习,平时管教也多,但孩子常不敢把学校的一些事情告诉家长。他的学习一般,我对他提出了较高的目标和要求。他妈妈表示,一定会配合老师教育好孩子。

小倩同学,老家在农村,很远。父母因在市区打工,便在学校附近的一个小区租房居住。但一遇到农忙,父母都回老家了,只留孩子一人在这里居住、上学,很可怜。家访时,正好孩子父亲在家。我向他提出,父母平时要多关心一下孩子,不要把孩子一人留在这里。同时,希望孩子今后学习加倍努力,再上一个台阶。父亲表示以后一定多关心孩子。孩子一直低着头,态度很认真,答应也很有力。

通过家访,我发现这些孩子有能力学得更好。在家校合作之下,孩子们态度踏实,更加认真,慢慢地都一点点地在进步。

家长走进学校

老师走进家庭,可以了解学生在家的表现;家长也应该走进学校,了解孩子在校的表现。于是,个别家长校访,或者召开集体家长会,就是老师们与家长们沟通的常见方式。

在一次期中考试后,我班举行了以"汇报成绩,感恩亲情"为主题的家长会,取得了良好的效果。

本次家长会的目的有两个:一是让家长进一步了解孩子在学校的生活、学习等情况;二是让家长深入了解学校的教育,同时与老师架起沟通的桥梁,从而更好地教育孩子,使其身心健康成长。参加人员有全体学生和家长、班主任、本班科任老师、学校分管领导。

会前我们做了充分的准备:1.班长准备主持人串讲词。2.学生代表准备发言稿。3.家长代表准备发言。4.各科教师准备发言稿。5.四位女生位列教室门口欢迎家长到来。6.教室布置:(1)文艺委员负责在教室黑板上用艺术字设计家长会主题语,烘托气氛;(2)张贴优秀作品,如作文、绘画、手工制作、手抄报等,供家长参观;(3)张贴小组排行榜,向家长展示高效课堂小组学习情况;(4)打扫干净教室内外的卫生。7.准备家长会登记表。

星期六上午九点,在本班教室,家长会正式开始。

第一,主持人致家长会欢迎辞。

第二,学校领导讲话。此项内容由学校广播统一播放,主要是让家长了解学校日新月异的发展变化,了解家庭教育的重要性和家校结合的必要性。

第三,班主任总结期中考试成绩,颁发奖品。

本次考试学生们的成绩自然是有起有伏,有的进步很大,有的则不理想。成绩好的同学要继续发扬,再接再厉;没考好的同学要奋起直追,迎头赶上。关于期中考试,学校设立了三大奖项:学习标兵,为全班前五名学生;进步之星,为与上次考试相比较进步大的学生;特长之星,为各科单科成绩第一名。另有文明之星十名,为平时行为习惯优秀的学生。

第四,语数外老师谈学习方法,并提出建议。

各科老师根据本学科的特点给家长们和孩子们谈各科的学习方法,主要给家长提建议,请家长们多关注孩子的学习及能力的培养。

第五,学生代表发言。

小君同学主要谈了他本人的一些学习方法,给各位同学和家长以参考。其次,谈到本人对学校发展变化的欣喜与信心,非常鼓舞人心。

第六,家长代表发言。

小玉同学的父亲主要谈了自己孩子的学习情况,以及家长对孩子的期望;其次谈到对学校、老师们的感谢与信心;最后提了一点建议,希望老师能在周末多组织孩子们进行课外活动,如爬山等,做到劳逸结合。

第七,班主任发言。我主要谈了两点,一是我班学生的表现;二是结合我班的实际情况,给家长提建议。建议主要有以下四点。

(1)教育孩子要从阳光面入手。

平时多鼓励孩子,少批评孩子。孩子在愉快的情况下最容易受到良好的教育。千万不要等到孩子出事了、犯错误了,才去管。有的孩子在犯错误后,你越批评,他越逆反,导致家长也没办法。所以,教育功在平时。在平凡的生活中,就应该及时教导好自己的孩子,做对了给予鼓励,做错了及时指正。

(2)告诉孩子要学会分清主次。

人的一生分为几个不同的阶段。童年时,尽情玩耍;青少年时,学习知识,增长本领;学业修完后,重视家庭的建立与事业的发展;中年时,追求事业的成功;老年时,享受晚辈的敬重。初中阶段,每个孩子最重要的事情就是搞好学业,不断锻炼自己,提升能力,让自己快速成长成才。家长要告诉孩子,本阶段要做好本阶段该做的主要事情,次要的事情不要去做。在学习上,要善于给孩子制订学习目标。

(3)帮助孩子建立责任心。

让孩子学会洗碗、洗手帕,整理自己的床铺、用具,尽到自己的那份责任。对家庭有责任心的孩子,对自己的学习、对自己的班级、对自己的学校才有责任心。这样的孩子才会更多地受到周围人的赞赏。而责任心只有在不断为家庭、为班级、为学校做事的过程中才能培养起来。

(4)善于通过各种方式加强与老师的联系。

与老师的交流,来人、来电、来函均可。现在,我班采用了移动飞信的形式,能及时、快速地与家长们联系,告知家长们学校、班级的一些事情。希望少数家长能尽快加入我班飞信,以便及时收到老师发出去的校园、班级信息,让家校联系更加密切。

孩子们健康快乐地成长离不开老师和家长的共同努力。"心在哪里,收获就在哪里。"如果一个家长的心在孩子的教育上,那么这个家长一定能收获孩子未来的成功。只要想教育好自己的孩子,就一定会想尽办法。"望子成龙,望女成凤"是每一位家长的迫切愿望。因此,老师和家长应携手努力,共同为孩子的明天打好基础。

第八,真情告白。

此环节最感人,掀起了家长会的高潮。主持人提议,每位同学把自己的家长请上台,并对家长说一句感恩的话语,再拥抱表示感谢。

上台的一刹那,也许很多往事涌上心头,有的孩子话未说泪先流。一句句"妈妈,你辛苦了。""爸爸,我爱你。"表达了孩子们对家长的感激之情。许多家长感动地和孩子一起流泪,一起紧紧地拥抱。亲子情感在这里得到升华。老师也禁不住被感动得热泪盈眶。

第九,主持人致结束语。

班长代表全体同学表达对家长、老师的感谢,表达要努力学习的决心。

会后,教师与家长进行个别交流。

苏联著名教育家苏霍姆林斯基说:"没有家庭教育的学校教育和没有学校教育的家庭教育,都不可能完成培养人这样一个极其细微的任务。"所以,通过家校合作可以实现家庭教育与学校教育的双赢。老师与家长密切配合,能够更好地促进孩子的健康成长。

第五辑

BanJi ChengZhang MiMa

恩师难忘，在小事中铭记

周末,我让全班写了一篇作文《我最尊敬的一位老师》。这是在学习著名文豪鲁迅的《藤野先生》后,作为拓展延伸写的一篇关于老师的文章。究竟什么样的老师,才是孩子们心中的好老师,令孩子们尊敬,令孩子们难忘呢?巧了,孩子们写的老师没有一个重复的,既有现任中学的老师,也有过去小学的老师。阅览孩子们的文章,我才发现,原来孩子们记忆中最难忘的,都是一件件小事,一个个细节。孩子们心中的好老师,会给我们带来很多启发。

病弱中的一股暖流

齐老师,是可儿的小学老师。

有一次,上语文课时,可儿突然肚子疼了起来,很难受。但她没好意思打断大家上课,就一直忍着。不过,孩子脸上细微的表情,还是被细心的齐老师发现了。

她问可儿,是不是不舒服。

可儿回答,肚子有点疼。

齐老师摸了摸可儿的头,说,去一趟卫生间吧,或许会好一些。

可儿去了卫生间,回来后却发现肚子还是疼得厉害。

齐老师看了看孩子,就拉着她的手,带到了办公室。然后递给可儿一杯水,让她趴在桌子上休息休息。

可儿慢慢喝了几口,热水渐渐润湿了嘴唇,却还是不起效果。

这时,齐老师一边安抚孩子,一边给她的爸爸妈妈打电话。

看着齐老师忙碌的身影,孩子的心就好像是断流的河床被涓涓细流慢慢滋润,一股暖流在心房中穿梭。

可儿说,她有许多老师,齐老师就是其中一位,也是给她印象极深的一个老师。"老师就像温柔的母亲,总是从细微之处关心、照顾你;老师就像一盏明灯,即使在黑暗中也能给你带来光明。"

贾老师,是小越的小学老师。

上小学的时候,贾老师总是在学校门口的那棵槐树下,等着孩子们到来,望着孩子们离去。

有一次,小越因为上课淘气,削铅笔的时候,不小心把铅笔屑弄到了眼睛里面,就一直在揉。

贾老师看见了,就走到小越身边,把她的小手从眼睛旁边拿开。看见小越揉得透红的眼睛,贾老师叹了声气,把小越拉了起来,带到了诊所里。

因为从小怕打针,所以一到诊所小越就吓得往后退,紧紧拉着老师的衣角,眼泪哗啦啦往下流。贾老师连忙安慰孩子,并把孩子抱了起来放在自己的腿上,像母亲一样。

等到医生来诊断的时候,贾老师把小越抱得稳稳的。医生把小越的眼睛慢慢打开,把里面的铅笔屑取了出来。贾老师又把小越的眼睛吹了又吹。

回去的路上,贾老师一边走,一边给孩子讲故事。

那时,小越感觉她是天底下最好的老师了。

小学的日子里,贾老师常常在大槐树下教孩子们唱歌,折千纸鹤。如今,大槐树下已经成了一片绿荫。老人们时常坐在下面唠嗑。听老人们说,贾老师去了别的地方。

小越又一次回到大槐树下,看到旁边有几棵小柳树,就像当年那群小孩子围在贾老师身边的样子:孩子们看着老师跳舞,听着老师唱歌,校园里回荡着那首"小白兔,白又白,两只耳朵竖起来……"。

学校门口的那棵大槐树依旧那么粗壮,孩子对贾老师的思恋也依旧那么炽烈。

杨老师,是小俊的小学班主任。

她大约四十岁,个子不高,有点胖。她有着一双笑眯眯的眼睛,笑起来像弯弯的月亮,特别和蔼可亲。她的嘴巴小小的,声音却很洪亮,像一湾清澈的甘泉,流入孩子们的心灵。

有一次,小俊上卫生间的时候,由于地面有水,不小心摔倒了。他的腿被摔伤了,血从腿上流下来。小俊努力扶着墙站起来,小心翼翼地走回教室。

杨老师看见了,惊讶地问:"你怎么啦?"

小俊哭着说:"卫生间地上有水,我不小心摔倒了。"

杨老师连忙用纸巾捂住小俊的腿,抱着他,旋风般地跑出教室,箭一样地冲出学校,打了一辆出租车。

在车里,杨老师心急如焚,急忙给小俊的家长打电话,可是孩子的家长不在家。

到了医院,杨老师连忙把孩子送到急诊外科。

医生对杨老师说,这么小的孩子不能全麻,伤到的是腿,局部麻药不管用,只能不打麻药缝合。

听了医生的话,小俊的心一下子就提到了嗓子眼,那该有多疼啊!

此时,杨老师鼓励孩子说,不要怕,要坚强,一定要忍住。

杨老师把小俊小心翼翼地放在床上,在旁边看着医生用线把伤口缝好,时不时地安慰孩子,鼓励孩子。

小俊也告诉自己,不要哭,一定要听老师的话。

听着老师那慈爱的话语,孩子忘记了疼痛。

这就是小俊最敬爱的老师,到现在他都一直记得这么清楚。

生病时,是一个人最脆弱的时候。在外学习,没有家人的关心,此时老师的呵护就像一股暖流,汇入孩子的心田。为照顾孩子,老师忙前忙后,不停地安慰、鼓励,这一切孩子都会记在心里。身虽病痛,心却明白。回忆里,那关切的眼神,慈爱的抚摸,温暖的话语,一个个细节都铭记在孩子的心中。病中送暖,这样的老师让孩子敬爱。

值得尊敬的孝心

张老师,是小加的小学语文老师。

六年级上学期快期末时的一天早上,张老师有气无力地走进教室,对孩子们说,老师有不得已的事情,不得不请几天假。

结果,孩子们大叫着"好",完全不知道张老师遇到了什么大事。

因为没有老师在语文课堂上,孩子们玩得特别开心,根本就没去想老师给大家布置的任务。

然而,好景不长,张老师第五天拖着疲惫的身子来到教室。

看到疯成这样的孩子们,张老师第一次没有发火。

之前,张老师虽然对孩子们好,但是孩子们做错了事也会吵他们。

这次,张老师没有发火,却流下了眼泪。

后来,孩子们才知道张老师的父亲倒下了,病得很严重,估计没有几天了。

想到这,孩子们十分后悔。从那天起,孩子们认真学习。终于功夫不负有心人,孩子们那学期考得都很好。

小加说:"有这样好的老师,就有懂事的学生。我爱张老师。张老师对我们的爱就像点点春雨,时时刻刻都在滋润着我们。她把青春给了我们。"

景老师,是小朵的小学语文老师。

那时,她留着齐耳的短发。她的脸上挂着慈母般的笑容,但是皱纹使她苍老不少。

四年级的一次语文课。

天气沉闷闷的,好像要发生什么事一样。

孩子们像往常一样上着语文课。景老师讲着文言文,教室里很安静。

突然,一阵急促的电话铃声,打破了教室里的安静。景老师接了电话,越听脸色越难看,最后终于忍不住哭了出来。

急匆匆地收拾了一下讲台上的书本,景老师让孩子们先看看书,就走了。

孩子们看着老师的样子,就知道一定是发生了什么不好的事情,就配合老师看起书来。

时隔一个星期后,景老师回来了。大家也知道是老师的父亲因病去世了。

等到上课时,景老师拖着疲惫的身子,好像随时都会倒下,嗓子沙哑得几乎发不出声音。大家看着景老师摇摇晃晃的身子,不知道她下一秒会不会倒下。

那次上课后,景老师就没有来过学校了。听别的老师说,她好像生了很严重的病,不知道什么时候才会回来。

从那以后,小朵再也没见过景老师。

小朵说:"可能她在上课时的突然离开,会让很多人觉得她是个不称职的老师。可在我看来,她是一位有孝心的女儿。我现在非常想念她,不知何时才能再次与她相见。"

孩子们对老师的深情让人感动,孩子们的文章也让我感触很深。"她的爱心、她的孝心、她的敬业,让我尊敬。当然,她不只是值得我尊敬,而是值得很多人尊敬,不是吗?"这是一个孩子的心声。

虽然老师课没上完就丢下书本走了,但是孩子们依然很尊敬老师,因为这是一个孝顺的女儿。听到父亲病危的消息,立即赶去照顾,是做儿女的本分。倘若一个老师听到父亲病危的消息,还无动于衷,坚持把课上完了再走,或许在学生眼里,这会是一个狠心的人。这样的老师,怎么能真正赢得学生的尊敬呢?

孝顺父母,是人之常情,谁都能理解,大家都会予以支持。

过去,一个模范老师往往给人们留下的是疾病缠身、不顾家庭、只会工作的形象。如今,人们的观念也已发生了转变。一个优秀的老师应该是身体健康、心态阳光的好老师。这样的老师,既能照顾好学生,又能照顾好自己,更能照顾好家庭。

对于一个老师而言,家庭与事业兼顾,才是幸福的。心中有家人,心中有学生,这样的老师更能赢得学生们的尊敬,赢得学生们的理解和支持。

有趣的课堂

赵老师,是小佳六年级的英语老师。

她长得很漂亮,一双眼睛带着柔光,一头浓密乌黑的头发披在肩上。直到现在,小佳也能想起她那柔美的嗓音。

小佳之所以最尊敬赵老师,最大的原因是她的英语课不仅内容丰富,而且课堂气氛活跃。

这是小佳印象最深的一节英语课。

那一次,赵老师把全班分成了A组和B组,然后在黑板上画了两个人脸。只要孩子们回答正确一个问题,就可以擦掉对面组的一个部位。到下课的时候,哪一组把对方的部位全擦完,哪一组就获胜。

不得不说,胜利的诱惑不是一般的大。每当赵老师提出一个问题,孩子们就抢着举手,气氛热烈。

下课的时候,经过全班的一番争斗,小佳所在的组最终取得了胜利。

从此,上英语课对孩子们就成了一种享受。大家互相竞争,互相学习,互相合作。

在赵老师设置的一个个饶有趣味的游戏中,孩子们渐渐提升了学习英语的兴趣,同时懂得了团结合作的重要性。

她的课轻松有趣,让孩子们受益匪浅。

而她,是小雪的临时代课老师。

"这么多年了,您教过无数的学生,也许您早已忘记渺小的我,但是我忘不了您,忘不了您教育我的那短短31天的时光……"小雪回忆着。

记得那时,小雪班上的语文老师生病住院了,所以她就代替语文老师,暂时来给孩子们讲课。

第一眼看到新老师的时候,小雪就想:这老师看上去多慈祥啊!

小雪很喜欢上这个新老师的课,因为她的课很有趣,学得很轻松,比之前那个枯燥无味、只会一本正经讲课的老头儿生动多了!

当时班上人不多,新老师就经常给孩子们带吃的,还常常给那些表现好的同学买奖品。

直到现在,新老师送给小雪的那支小鸭样式的中性笔,还立在小雪的笔筒里。虽然它的笔盖已经没有了,但是小雪一直没有丢弃它。这个小小的奖品就像新老师一样,实在太可爱了!

"老师,您是多么的善良、无私啊!虽然我一直都不知道您的名字,也忘了您姓什么,但是这个短暂的相遇、相识到分别的过程,我将永远珍惜!我敬爱的老师,您还好吗?"一个不知名的老师就这样留在了小雪的记忆里。

周老师,是小靖的小学老师。

她刚走进教室时,小靖一看,像个大姐姐,一张瓜子脸,披着长头发,戴着一副四方眼镜,脸上缺少老师所应有的威严。

于是,孩子们就放肆起来,班里像炸开了锅。她生气了,脸红得像个苹果,走上讲台说:"安静!"不知道是由于她声音小,还是因为同学们并不怕她,几个调皮的男生嚷得更起劲了。这下,老师的脸比熟透的苹果还红,眼泪在眼眶里转了几圈,终于落了下来。

"老师哭了……"不知谁喊了一声,班里顿时鸦雀无声。同学们不约而同地低下了头。老师看着孩子们纷纷低头,停止了哭泣。同学们一个接一个给老师递上了纸巾,老师又羞涩地笑了起来。

周老师别看年龄不大,讲起课来还真生动有趣,声情并茂,连爱开小差的小靖也被吸引了。鸟儿在枝头歌唱,同学们在教室里读书,书声琅琅,十分和谐。

有一次,周老师给孩子们讲万里长征时,谈到红军只能吃树皮,吃皮带,一粒黄豆是一天的饭,竟控制不住自己的感情,鼻子酸酸的。现在的生活是多么的来之不易啊!孩子们也被老师的情绪感染了。

虽然孩子们有这么一位爱哭的老师,但大家都很喜欢她,很尊敬她。

爱因斯坦说:"兴趣是最好的老师。"一个好老师,一定会有着扎实的课堂教学基本功。上课生动有趣,方能让学生乐在其中。学生对学习感兴趣了,表现自然就好了。记忆里,那些快乐有趣的事情,总是会令学生难以忘怀。

恪尽职守，令孩子敬佩

童老师，是小轩的小学班主任。

从小到大，小轩有很多位老师，但他最喜欢、最敬重的就是童老师。

童老师是位女老师，从二年级到四年级教小轩班级的数学。她大约三十岁的样子，个子高高的，很爱吃水果。

童老师经常不回办公室，一天到晚都在教室里坐着。只有等到别的老师来的时候她才会走，下课之后又回来了。

童老师的课教得很好，很仔细，很认真。孩子们都很喜欢听她讲课。偶尔，小轩遇到不懂的地方，童老师知道后都会认真地给他讲解。

童老师对孩子们非常好，她有时还会买一些水果来分给大家吃，有时还会带孩子们出去玩。孩子们也都很喜欢这个老师。每次到了过节的时候，孩子们也都会送好吃的给童老师。遇到有学生生病了，童老师还会到家里去看望孩子。

在小轩的心里，他很喜欢这位童老师，一直非常敬重她。

杨老师，是小宇的小学数学老师。

她，中等偏瘦的身材，瓜子脸上总是带着慈祥的笑容。

每当孩子们失意时，她总是鼓励大家说："孩子们，不要多想，下一次做好就行了！"

有一次，杨老师在医院刚做完喉咙手术，才休息了没多久，就想着孩子们的学习，不顾一切地来给孩子们上课了。

虽然在上课时，她还不能大声说话，可是孩子们都很乖，很听话，整个教室静悄悄的。杨老师看见了，脸上重新绽放出笑容。

因为不能大声说话，怕孩子们听不到，杨老师就去跟其他老师借了个扩音器过来。那时，在教室外面不远处也能听到她讲课的声音。

在她眼里，所有的学生都是优生。她都是用同样的笑容、同样的眼神、同样的心灵,真诚地去对待每一位学生。

她很勤劳。因为孩子们年龄都比较小,她每天都早早地来到学校,帮孩子们打扫教室。

她很关心孩子们的身体。天冷了,她会提醒孩子们多穿几件衣服;天热了,她会提醒孩子们不要穿得太少而着凉。

她很关心孩子们的学习。孩子们不会做的题,她都会耐心地教导,直至听懂为止。

她还会时时刻刻教孩子们一些做人的道理。

小宇说:"她的每一个笑容、每一个眼神、每一个动作、每一句话,我都牢牢记在脑海里。"

在校园里,像这样的老师还有很多很多。孩子们的进步,孩子们的成长,都离不开老师们的努力和付出。老师们的辛勤劳动,孩子们看在眼里,记在心里。恪尽职守,学生会更加敬佩自己的老师。

老师像妈妈一样

郑老师,是小萍的小学班主任兼数学老师,陪伴孩子度过了六年的时光。

小萍是留守儿童,爸爸妈妈一直在外地工作,她只能和爷爷奶奶待在老家。

郑老师教孩子们的时候,小萍十分喜欢她,因为她让小萍体会到了妈妈的温暖。

那时,小萍是数学科代表。常常一下课,她就跟在郑老师的后面。别人不知道,还以为小萍是郑老师的女儿呢。

毕业时,全班照了一张合影。小萍至今还留着。

毕业晚会上,班上参加节目表演的女生的头发,都是郑老师一个个梳好的。想到郑老师给自己梳头发的情景,小萍感到很温暖、很幸福。

当看到郑老师和同学们在一年级第一次春游的照片时,再看看那张毕业照,小萍发现老师苍老了很多。但在小萍心里,她一直都觉得郑老师非常和蔼。她喜欢以理服人,不喜欢体罚同学。

现在,每当小萍想起郑老师,都会骄傲地对自己说:"你有这么好的老师,是你的荣幸。"

小萍说:"郑老师是我最尊敬的老师。她给我信心,给我鼓励,让我勇敢地向前进。"

寇老师,是格格的小学班主任兼语文老师,也陪伴了孩子六年的时光。

她有着大而灵动的眼睛,中等个子,乌黑发亮的秀发中夹着丝丝白发。她的眼睛带着点儿柔情,时常向孩子们投来温柔的目光。

在教学中,她总是能将知识点讲得清晰而又不失风趣。在生活上,她关心每一个学生的成长,就好像那些学生是她亲生孩子般,小心地呵护着。

三年级时,一个阳光明媚的下午。

班上的一个小男孩因为调皮,将脚伸向三楼上的栏杆。这时,意外发生了,男孩的脚被卡住了。他想将脚抽出来,迎来的却是脚踝的阵阵疼痛。男孩吓得哭了起来。

　　这时,寇老师看到了,急忙上前去安慰他,并轻声询问事情经过。男孩说完之后,寇老师盯着那名男孩的脚踝处思考了一会儿,便用与先前一样温柔的声音让那个小男孩将脚侧着,轻轻地往回抽。果然,脚抽出来了。

　　这位遇事冷静、不慌不乱的老师,让孩子们非常敬重。

　　在孩子们的眼里,她所做的一切都是为了这些亲若子女的学生。

　　也因此,那个用柔情似水的目光看着孩子们,为孩子们着想的寇老师,一直留在格格的心里。

　　王老师,是帅帅的小学老师。

　　她的个子不算高,长长的头发,胖胖的身体,黑黑的大眼睛,一副很严肃的样子。

　　她不仅上课讲得很仔细,而且检查作业也很认真。只要发现谁有错误,她就能立即挑出来,并让该学生及时改正。

　　在帅帅的心中,她是善良的,就像孩子们的第二个母亲。

　　上小学时,因为年龄还太小,所以每天晚上放学以后,孩子们必须等到家长来接,才能回去。

　　有一次,放学后,帅帅看见很多家长来接孩子,他也急匆匆地跑进人群找妈妈。可是,妈妈并没有来。这让帅帅心急如焚,他想,平常妈妈都是来得很早的,今天遇到什么事情了呢?妈妈怎么还没有来?这可是从未遇见过的情况啊!

　　这时,王老师过来了,见帅帅还没有走,就问孩子:"你妈妈为什么还没有来?"孩子说:"不知道。"王老师听了以后就没再说什么,走了。

　　不一会儿,只见王老师骑着电动车过来,对帅帅说:"我送你回家吧!"

　　帅帅沉默不语,不知该怎么办。

　　王老师见孩子没说话,接着说:"走吧!你妈妈在家里应该有什么事情,不来了。"

　　孩子也想,是啊,都这么久了,妈妈应该不会来了。

　　于是,帅帅就坐着王老师的电动车回家了……

这件小事，孩子一直都记得。每当想起王老师，孩子就觉得，她像妈妈一样关心着自己。

孩子的心灵是纯洁的。老师无微不至的呵护，会在孩子幼小的心灵里留下深深的感动，深深的眷恋。无论时光如何变换，那份像母亲一样的关怀与温暖，会让孩子依恋不舍，永远铭记。

严厉与慈爱兼有

毛老师，是小兰的五年级体育老师。

提起毛老师，学生们没有一个不"闻风丧胆"的，不论哪个年级。被毛老师教过的学生，无不惧怕他。

从表面上看，毛老师性情刚烈，严肃认真，而真正和他相处久了，就会发现他内在的慈祥和蔼。

有一次，小兰和几个女生一起跟他开玩笑，说让他带她们一起吃"大餐"。课后，孩子们都忘了，但毛老师还记得，给她们每个人买了一根棒棒糖。

还有一次，班上的一位女生突然晕倒了，大家非常担心着急，只有毛老师冷静沉着。一番打量后，毛老师断定该女生是燥热眩晕。然后，毛老师把她放在阴凉的地方，用热水擦脸，果然不一会儿就好了。

毛老师的事迹还有很多，他是令小兰难忘、尊敬的老师。

张老师，是小芳的六年级英语老师。

她高高的个子，留着长长的头发，还戴着一副眼镜，显得很有学问。

张老师每天都笑容满面地给孩子们讲课。有一次，小芳上课时和别的同学说话，被张老师看见了。张老师用她那严肃的眼神警告了小芳。下课的时候，小芳以为她肯定要被叫去办公室。可张老师只是温和地告诉她，下次要认真听讲，不能再开小差了，这样会影响学习。从此，小芳记住了老师的话，认真听讲，进步很大。

当然，张老师不仅只有善解人意的一面，还有严肃认真的一面。

有一次期中考试，小芳只考了89分，但已经算是班级前十了。显然，那次考试的难度很大，不然小芳不会考得那么低。张老师对同学们的那次表现也很不满意。那时，每次上课，她都很严肃。她说："看看你们这次考试，没有人满分也就算了，居然还有人考得非常低。"其实，大家都知道，那些题目几乎都是张老师讲过的,不应该错的。从此,大家在学习上都不敢马虎了。

离开老师已经三年了,张老师的严厉与和蔼仍然留在小芳的记忆里。

YoYo老师,是阳阳补习班的一位英语老师。

她戴着一副黑框眼镜,脸比较圆,不胖不瘦,个子不是很高。

她很可爱,经常和孩子们打成一片,嬉笑玩闹。尽管在孩子眼中,她挺平易近人的,但她对孩子们学习上的要求却一点都不松懈。每次孩子们去上课时,她都会报听写。只要错了两个地方,就得重新听写。背书也是不能错一个的。

有一次,阳阳和一个朋友约老师出去看电影。那是英语课程结束后,孩子们请老师看电影《欢乐好声音》。看完电影,又一起去逛北街,YoYo老师便请孩子们吃饭,闲聊了好久。

尽管她和小学的英语老师们一样,同样只教了阳阳五、六年级,但是她给孩子留下了深刻的印象。她的认真,她的可爱,让阳阳很喜欢。

一个老师,有严厉,有慈爱,总是能让孩子们既敬重又喜欢。老师的严肃,能让孩子们端正学习态度;老师的关心,又能让孩子们更好地放松心情。老师对孩子们的好,孩子们是懂得的。

点点鼓励，带给孩子自信

赵老师，是小雯上六年级时新来的班主任。

第一次上课时，她穿着一件蓝色的连衣裙，站在讲台上为孩子们讲学习纪律。

小雯坐在角落里，眼睛时不时地向窗外瞟去。也许是小雯的这种举动，引起了赵老师的关注。

当赵老师让同学们做自我介绍时，小雯以为默不作声就可以不用上前了。谁知，赵老师的眼睛一下子就瞄到了缩在角落里的小雯。

小雯被迫走到讲台上，心想自己肯定要出丑了。可令小雯惊讶的是，还没等她站好，赵老师就拉着她的手，向同学们宣布："今天就由这个同学来管理班上的纪律，好不好？如果她表现得不好，我们再换人。"

说着，赵老师还回过头来意味深长地看了小雯一眼，给了小雯一个带着信任的笑容。这时，一丝自信的微笑在小雯的嘴角蔓延开来。

从此，小雯这个管纪律的班长越做越有责任感。大家和小雯也相处得十分融洽。家人都惊诧于小雯的改变。

从一个不被人注意和喜爱的孩子，到一个人人都夸有礼貌且懂事的孩子，小雯真的完全变了。这其中的真相，也许只有小雯和赵老师知道。

其实，直到现在，小雯也不知道赵老师的那一句话是有意还是无意，但赵老师的那一抹眼神让她更加坚定。是老师改变了孩子。

小雯说："虽然事情过去很久了，可是到现在我还记忆犹新。在我眼中，赵老师的那一句话，那一脸笑容，那一抹眼神，我始终无法忘怀。她是我最尊敬的人。"

王老师，是小然三年级的语文老师。

她和蔼可亲，知识渊博。王老师长得胖胖的，乌黑的头发随着岁月的流逝有些花白了，两条淡淡的眉毛下，有一双炯炯有神的大眼睛，鼻梁上架着一副眼镜，嘴唇薄薄的，讲起课来却滔滔不绝。

刚入三年级时,小然的语文水平处于中等,尤其怕写作文,王老师就耐心地为她讲解写作文的方法。她要求全班同学每星期写一篇周记。

小然的第一篇周记《小小地球仪》,被王老师评为良好,评语为"观察仔细,描写详细"。虽然这篇周记只得了良好,但它是小然写作文以来得到的第一个评语,这让她心里甜滋滋的。

小然的第二篇周记得了个"优",王老师在好句子下面划了红色的波浪线。

于是,小然对写作越来越有信心。从那时起,小然的写作水平一天天提高。王老师为孩子打开了写作的大门。

有一次,王老师上课提了一个问题,同学们都纷纷举手,而小然总是怕回答错误,很少举手发言。虽然心中有答案,但她还是稳坐在座位上。王老师朝同学们看去,却把目光停留在小然身上。小然从老师的目光中读出了鼓励和信任,便大胆地举起了手。听完了小然的回答,王老师用赞许的目光看着她,非常满意。

小然说:"她给了我许多知识,使我在知识的海洋里快乐地遨游;她给了我许多鼓励,让我在前进的道路上变得坚强。王老师,是我最尊敬的老师。"

张老师,是小豪小学时的一位语文老师。

有一次,在语文课上,张老师让孩子们修改自己的作文。

小豪的作文在张老师手里。小豪心想,糟了,自己的作文是不是毛病太多,字迹也不好。此时,张老师拍了一下手掌,示意同学们都停下来。

然后,张老师开始念小豪的作文,许多同学都不知道这篇作文是谁的。

念完后,张老师居然开始说起了这篇作文的优点。例如,字迹好,语言优美,事迹真实,详略得当……

小豪此时还不相信这一切,心想,自己的作文有可能这么好吗?这是在做梦吧?

接着,张老师把作文本还给了小豪,说:"这次你写的作文非常优秀,继续努力!"

然后张老师又仔细地给小豪说了这篇作文的不足之处,以及如何改进。

小豪说:"我这作文的毛病还挺多的呀!您为什么还表扬我?"

张老师没有说话,只是微笑了一下,回办公室了。

小豪知道了,因为自己平常作文写得不好,在班级里排不上名次,张老师想借这次作文课鼓励他上进。

"我终于明白了张老师的良苦用心!"小豪说。

就这样,张老师成了小豪小学生涯里最令他难忘的一位好老师。

对老师而言,那点点鼓励,他或许早已忘记,却在每一个孩子的记忆里深深地沉淀下来。

对孩子而言,任何一次小小的成功都是决定性的。孩子的自信,也是由一次又一次小小的成功积累而来的。

批评和指责,往往会让孩子畏缩不前;而鼓励和赞扬,则常常会引领孩子健康发展。

所以,让我们用真诚的鼓励来帮助孩子,让他们在自信与快乐中不断成长,慢慢地走向美好的未来。

班级成长密码

处事公正的老师

王老师,是小景的小学语文老师。

她有一头乌黑亮丽的长发,扎成高高的马尾后更多了一份神清气爽。挺拔的鼻梁下,有一张樱桃小嘴。最可爱的,则是那双明亮清澈的眼睛。

有一次,小景与同桌吵了起来,因为她的笔好端端的,就跑到了对方的笔袋里。当时,大家正在进行课间活动,也没有多少人注意。

可是,小景发现,她的身后一直有一双眼睛盯着。

"这不是你的,还给她。"那双眼睛的主人迈着坚定的步伐,铿锵有力地说道。原来是王老师。她用纤细的手指,温柔地摸了摸小景的头,温暖一笑说道:"老师都看在眼里呢。"

小景皱起的眉头终于消失了,同桌还了她的笔。

段老师,是娜娜的小学语文老师。

她有着高挑的身材,一头棕色的卷发,微瘦的瓜子脸,挺拔的鼻梁上镶嵌着一双如黑宝石般明亮的眼睛,对人和蔼又亲切。她教娜娜四、五年级的语文课程。

有一次,娜娜的脸不小心受伤了。她每天都不敢把口罩拿下来,怕别人笑话。

可还是有一回,几个同学把娜娜的口罩拿了下来,狠狠地嘲讽了她。

段老师看见了,对那几个同学加以严惩,并把娜娜拉到办公室说:"娜娜,别哭,你在老师眼里永远是那个活泼开朗、心地善良的漂亮女生。你要多一点点自信,走自己的路让别人去说吧!你的背后,老师会一直支持你,加油!"

这一番话,让娜娜至今难忘。

李老师,是小周六年级的语文老师,并且是副校长。

新来到班上时,李老师先对孩子们温和地笑了一下,然后就开始了新学期的第一节语文课。

上课后,李老师那风趣幽默的说话方式,让全班同学哈哈大笑。这一节课不知为什么,大家觉得时间过得很快。下课后,同学们还意犹未尽。

虽然李老师是副校长,却没有一点架子,平易近人。他经常和学生们打成一片,即使三十多岁了,也还像个孩子似的。

李老师很有学问,有一次他在黑板上现场作了一首诗,孩子们很佩服。小周想,他平常一定看了很多书,才有这么好的文采。

李老师有一个儿子,学习成绩很好,可见李老师在他身上花了很多心思。小周一直以为,李老师是一个温柔而不会生气的人,但有一件事改变了她的看法。

有一天,李老师的儿子说班上一个女生的坏话,还打了她。李老师知道后,当众打了他的儿子,还狠狠批评了一顿。当他的儿子泪流满面时,李老师没有安慰,转身离去了。

在小周看来,李老师只是在外人面前才会温柔,但对自己的儿子却管教很严。

小周说:"这样的一位老师,既让我尊敬,也让我很崇拜。他不仅有学问,通分寸,会管教自己的儿子,而且平时做事也很细心。我认为,他是我遇见的最让我尊重的好老师了。"

一个公正的老师,能给孩子们留下正直无私的印象,让孩子们喜欢,受孩子们爱戴。不论是对待自己的学生,还是对待自己的孩子,能公正处事的老师总是能让孩子感触很深。这,也是我们老师应该做到的。

用耐心陪伴孩子成长

林老师和田老师,是令小淇难忘的两位老师。

林老师是教小淇小学二年级的语文老师。

她身体不太好,却很敬业。那时孩子们每天都要写一篇日记,可小淇的文笔不好,不知该如何下笔。

有一次她便拿妈妈给自己买的作文书,选了一篇接地气不易被察觉的文章抄了起来。不过最后还是没能逃过老师的法眼。林老师发现后,把小淇叫到了办公室,不但没指责她,还耐心地教她如何写文章。

到现在,小淇都还记得那个又宽容又温柔的林老师。

田老师是教小淇的一位数学老师。

上小学时,田老师一直很看重小淇,小淇也没少给他惹麻烦。

有一次考试,小淇很马虎,也很粗心,导致考试成绩不理想。不出所料,那次考试小淇被挤下了班级前十名。

后来,田老师找小淇去办公室谈话,还给她讲题,非常有耐心。

那次,田老师还把做题的一些小方法交给了她。在后来的考试中,小淇都有不错的成绩。

小淇很感谢田老师。

李老师,是小刘一至三年级的小学数学老师。

她看起来十分严厉,高高的鼻梁上有一副大大的眼镜。说话声音大,但私下非常幽默。可如果她生气了,后果就十分严重。

李老师桃李满天下,经验十分丰富,上课十分有趣,对孩子们的教导也非常有耐心。

有一次,小刘上课走了几分钟的神,李老师就在放学后把她留了下来,让她做题。

可是，小刘一个题都看不懂。但李老师并没有批评小刘，而是安静地教导她，耐心十足。

只要有一道题不会做，李老师就会一遍遍地讲，直到小刘学会为止。

也因此，小刘当时的数学成绩一直名列前茅。

小刘说："老师是辛勤的园丁，用尽自己的心血，精心灌溉着祖国的花朵；老师是我们的朋友，一直陪伴在我们身边；老师是我们的引导者，让我们知道天地的广阔，让我们遨游在书中的美好世界……李老师是我小学最怀念的老师，是我心中最尊敬的老师。"

第一次看见王老师，是在小思上一年级的时候。

王老师夹着语文书，慢慢地走进教室，映入孩子们眼帘的是一头黄色的头发和白皙的皮肤。王老师用充满智慧的眼睛，扫视了一遍教室，用略带鼻音的声音说："同学们好！"然后低声向大家介绍了自己："我姓王，今后的语文课就是我与大家一起度过了！"从那一刻起，老师的声音便留在了小思的心里。

每一次，王老师都用高亢的声音，耐心地、不知疲倦地教孩子们认字。

转眼间，小思上六年级了，王老师仍在教孩子们。

那时，小思的作文可谓极差。每次考试，看着自己的作文分数，小思便有一种生无可恋的感觉。为了提高自己的作文分数，小思可以说是拼命了。报补习班，看作文书，抄写名言……总之，是尽力而为。

又有一次考试结束了，当看到自己作文分数的那一刻，小思彻底放弃了。这时王老师找来小思谈话。小思来到王老师面前，王老师并没有她想象中的给她一顿臭骂，也没有她想象中的让她请家长。

王老师只说："我相信你，别泄气。"小思诧异了，看着老师的眼睛，那里闪烁着坚定的光芒，十分清澈。

"我帮你。"声音再次传来。那一瞬间，一种莫名的情感在小思的心中如野草般疯狂生长。如今，小思才知道，那是尊敬，是对一位老师的尊敬。

王老师教了小思六年，一次次耐心地教导她，教她写作，教她读书，培养她成为优秀的学生。

小思说，现在回想起王老师，她的声音，她的眼睛，都是那么美。"时光似水，缓缓滑过那些逝去的岁月，倒映出我与您的一点一滴。回忆您对我的谆谆教导，那是我生命中最亮丽的点缀。王老师，谢谢您，您值得我尊敬。"

成长的过程中,孩子们难免会遇到挫折,遇到失败,此时,老师的耐心教导,就如同一场春雨,滋润孩子们干涸的心灵。每个孩子都希望自己能越来越好,也都希望自己能得到老师的帮助。所以,老师的爱与关怀,自然就留在了学生心中,任岁月流逝,却一直存在。

让教育充满智慧

彭老师，是小杰最尊敬、最感激的一位老师。

上六年级时，小杰渐渐地沉迷于网络游戏，无心学习。

彭老师发现后，并没有给他的爸爸妈妈打电话，而是采取了一种特别的方法。

她把小杰叫到了办公室，说："现在给你一个任务。今天回去给你的爸爸妈妈洗一次脚，再来跟我交流。"

放学回到家，小杰准备了暖和的热水，等着爸爸妈妈回来。等他们刚打开门，小杰就拉着他们已经冻僵的手，让他们坐下。接着，小杰把他们的鞋子脱了，开始给他们洗脚。小杰摸着爸爸妈妈冻得通红的脚，仿佛自己的心也被冻住了。

第二天，小杰走进办公室，彭老师拿出游戏机和一些学习用具，问他："你选哪一样？""老师，我错了。我现在才懂得父母为什么供我读书，他们是想我有出息。"小杰的眼泪不禁流了下来。

从此，小杰不再迷恋网络游戏，开始好好学习。

"老师，因为有您，我的世界才变得如此漂亮；混沌之中，才有了指路的明灯；迷茫的夜空，才有了永恒的北斗。谢谢您，彭老师！"这是小杰的心声。

邝老师，是小晶四年级的语文老师。

有一次上公开课，邝老师以"外号"这个新颖的话题为主题来开展教学。在这堂课上，以往沉默的同学也开始积极作答，老师的脸上也浮现了开心的笑容。

课堂上，邝老师给孩子们放了几张图片，全是孩子们平常给同学起的外号，还和相应的人名连了起来。

邝老师让那些外号不好听的同学上台进行了发言。其中有一位外号最为难听同学说："其实，我非常讨厌这个外号。但是我不敢反驳，因为我又黑又丑，成绩还是倒数。你们一定还会嘲笑我的。但是，今天在这里我想说，我讨厌你们给我起的外号。"时至今日，小晶已经忘了那个同学的外号是什么，但当时的话语却还记得。

后来邝老师进行了总结:"外号只是和亲朋好友之间一个好玩的称呼,可是一旦触犯了别人的底线,让人难过时,便不对了。所以,在给对方起外号时,应先考虑一下他人的感受,多为身边的人着想。不过,在这里我要说,你们给我起的外号叫矿泉水,我可知道啊!"

最后众人大笑,与此同时大家都明白了,今后要学会为身边的人着想。

这就是邝老师那一堂尊贵无比的课。也就是这堂课使她成为小晶最尊敬的老师。

现在,小晶和邝老师还有来往,常写信问候对方。可能写信有些过时了,但小晶总觉得这才能表达她最为敬重的一份思念。

王老师,是小婷最尊敬的一位老师。

她教小婷班级三、四、五年级的语文,很优秀。

第一次见到她,小婷还有些不屑。她个子不高,一米五左右,还显得有些微胖,长发飘飘。让小婷有些惊讶的是那双眼睛尤其冷冽,让人不禁心生寒意。

其实,经过了一年的相处后,小婷渐渐发现了王老师的温暖。

怪不得王老师如此优秀,她的教学很独特哩!

以前的班干部都是由老师们一手选定的,而王老师却要竞选,还说人人都有机会,要珍惜。小婷也参加了,没想到竟然被选上了。而且,这次选的班干部都是一些成绩中等的同学,还真让人惊讶呢!

从此,小婷更加努力地学习语文,因为她当时被选上的是语文科代表。她不想让王老师觉得她的科代表有多差。

那一年,孩子们也没有语文作业,真是高兴。王老师说,只要在课堂上好好学习,写不写作业都没关系的。这一点全校师生都知道了,有些班级都羡慕着呢!

没多久,王老师又在课堂上发言:"以后每个月,大家都写一份意见函,科代表记得收。大家有什么意见,尽管说,别害怕。""好。"全班响起一阵欢呼鼓掌声。

"这就是我亲爱的王老师,有着一双和蔼眼睛的王老师,让我一生难忘、让我永远尊敬的恩师。"小婷说。

教育智慧,是教师的各种专业素质在自己身上综合实现的结果。具有教育智慧的老师,往往能把繁杂、枯燥、沉闷的教育生活,做得美妙而有趣。

一个有智慧的老师,总是能让孩子们深深受益。他们巧妙的教育方法,巧妙的教学机智,引领着孩子们向着美好的方向去发展。

第六辑

自我素养，在学习中提升

从事研究，开始享受教育

著名的苏联教育家苏霍姆林斯基曾说："如果你想使教育工作给教师带来欢乐，使每天的上课不致变成单调乏味的苦差，那就请你把每个教师引上进行研究的幸福之路吧。"的确，当我们开始研究教育的时候，就会发现教师的劳动其实充满了无穷乐趣。从向教育名家学习，不断在书籍中寻找方法，到经常给自己确立研究课题，不断在实践中体验感悟，慢慢走来，我充分享受到了走上教育研究之路的益处。

远离职业倦怠

在教育工作中，教师一旦走上了研究之路，就摆脱了枯燥、乏味的教书匠之苦。从开始读书、开始学习、开始研究教育的那一天起，我发现自己渐渐地对教育教学产生了一种兴奋感。后来，无论是在顺境，还是在逆境，我都能随时保持着这种精神上的愉悦。平时，我喜欢看各种关于教育教学的书，喜欢跟学生沟通交流。不知不觉，已经由"干一行厌一行"，转变成了"干一行爱一行"，从此爱上了教书。

现在，自己的很多观念都跟以前不一样了。过去曾不喜欢进教室，对教书兴致不大，现在则喜欢进教室，喜欢与学生相处，感觉与学生交流趣味无穷；过去曾不喜欢与学生沟通，认为老师应与学生保持距离，这样才能维护老师的尊严，现在则喜欢与学生交流做朋友，喜欢与学生做游戏开展活动，师生关系更和谐；过去曾没有感情地、平淡地传授知识，现在则是带着自己的感情、带着自己的体验来传授知识，喜欢给学生谈自己的理解、自己的感悟，发现学生很喜欢听。

一件事情，当你开始研究它的时候，你就会发现这里面真的是非常有趣。研究管理，研究教学，研究学生，研究你感兴趣的每一个问题，你会喜欢上这样的生活。当你用心做各种教育教学实验时，你的工作会更有意义，更有效率。而一个人在认真做事时,会回避劣势,发扬优势,自然能取得进步,不断成长。

思想得到提升

  一个普通人,勤劳与懒惰,谨慎与马虎等许多优点与缺点往往都集于一身。我就是这样。我生活在和平年代,物质上吃的苦少,精神上的磨砺也不算什么。从前,苏霍姆林斯基经历过第二次世界大战,魏书生经历过"文化大革命",他们虽历经磨难,却一直有着坚定的信念和又红又专的思想,立志为祖国培养优秀的人才。而我立志教好书,只是缘于一份不甘心,缘于获得精神上的快乐。

  后来,我读的书越来越多。通过学习名家的文章,自己的思想也一点点地得到了升华。我发现,凡是优秀的人才都普遍具有高尚的思想。只有让高尚的思想主宰自己,自己才能成为一个快乐的人。正如当代教育家魏书生所说,一个人如果用积极的思想对待生活,心灵的天空就会多云转晴;一个人如果用消极的思想对待生活,心灵的天空就会多云转阴。既然如此,为何不让自己心灵的天空晴朗起来,不让自己快乐起来,不让自己高尚起来呢?

  由此,我想起了毛泽东同志的一句话:做一个高尚的人,一个纯粹的人,一个有道德的人,一个脱离了低级趣味的人,一个有益于人民的人。也许只有这样,个人的发展才是最有前途的,精神才是最愉快的。那么,怎样做一个有益于人民的人?对于教师而言,培养有平等意识、有独立思想、有自由精神的共和国公民,便是我们教育工作的根本。培养更多的好孩子,才是对社会、对人民最大的奉献。

能力得到提升

  在研究教育的过程中,一个老师的能力也会不知不觉得到提升。

  生活告诉我们,真正的教师,应该既为"经师",又为"人师"。做"经师"容易,做"人师"不易。其实,对学生进行品德教育是一件很开心的事情。教学生如何做人的确很重要。生活与学习密不可分。引领一个孩子养成了良好的生活态度与生活习惯,他的学习自然就有了坚实的基础。

  管理上,我注重因材施教。学校不仅是孩子们学习的地方,更应该是一个使孩子们拥有丰富的精神世界的地方。面对形形色色的孩子,老师的管理要因人而异。让能力强的孩子勇挑重担,各尽其才;给能力弱的孩子找一份他们感兴趣的事情来做,以促进其智力不停向前发展。我曾跟孩子们说过,成绩好让人羡慕,品德好让人喜欢。而人人都可以培养良好的品德,做一个讨人喜欢的人,"让人们因我的存在而感到幸福"。

学习上,我注意培养动机。常有学生觉得读书难、读书苦、读书累。我会结合日常教学,如好文章《成长不可无书——关于读书》来跟孩子们交流,让孩子明白一些道理。其实,无论上不上大学,每个人将来都会参加工作。而一个人若想把工作做好,就得让自己聪明起来。而要想让自己聪明起来,就必须用知识来武装自己的头脑,要读书,要学习。生活中,并不是什么事都要凭兴趣去做的,有些事自己可能没兴趣,但又是必须要做的,就需要我们用顽强的意志去做好。希望孩子们正确看待自己的学业,努力奋斗。

生活上,我注重情感交流。平时,一声招呼,一句问候,简单而温暖。学生尊敬老师,老师关心学生。"力的作用是相互的。"师生之间有了感情,老师越教越好,学生越学越好。有时候,越是单纯教书,只抓成绩,学生却未必能学好;越是注意培养学生各方面的优秀品质,让其全面发展,学生成绩反而会越来越好。注重相互交流,老师教得开心,学生学得开心,师生之间相互促进,共同成长。

学习与研究应该成为一种习惯。

古今中外的教育家都有一个共同的认识:好的教育就是爱的教育。于是,我想起了周星驰演的一部影片《食神》。他在影片最后书写了一个"心"字,来表达最美的食物是怎样做出来的。可见,各行各业要做好,都离不开一个"心"字。用心才能做好任何事情。

当代教育家李镇西老师,要求自己每天上好一堂课,每天找一位学生谈话或交流,每天思考一个教育问题或社会问题,每天阅读不少于一万字,每天写一则教育日记。他做了许许多多的实事,才由普通走向优秀。每个人的成长都是自发自觉的行为。当我们开始走上研究之路的时候,我们的成长就不会再停下脚步。一直向前走,欣赏一路风景。

创新，带来发展活力

班级成长密码

"百年大计，教育为本。教育大计，教师为本。"一个好班级，肯定离不开一个好班主任的引领。一个充满活力的班级，与班主任个人的学识、素养等方面的综合储备密切相关。班主任只有在自己的教育教学工作上不断创新，才能为班级发展注入活力。

在带班的过程中，每一年我们都会有不同的想法、不同的策略，都可以在班上进行不同的教育实验。所以，教育也在不断地创新。

不断分享，提升观念

"观念"二字，从字面上我们就可以体会到它的含义，即"又见今心"。时代在进步，社会在发展，我们的生活、我们的思想也要与时俱进，不断更新。

作为老师，我们在教材的"传道授业解惑"上年年都相似。如果我们在与学生打交道时只去传授知识，那么我们的工作将是枯燥乏味的。但是如果我们一边传授知识，一边不断向生活学习，不断向学生传递新观念，那么我们的工作将是充满乐趣的。

有一段时间，我对电视上某教育频道的名家演讲视频很感兴趣，经常观看学习。

听了史宪文教授《智说三国》中"草船借箭"的内容后，我在课堂上也适时传递了一个新观念，即下级应完成上级交给的、他自己都完成不了的任务。周瑜让诸葛亮在三天之内造出十万支箭，这恐怕连他自己都做不到，但是诸葛亮做到了。真正的人才，就是像诸葛亮这样，令人佩服。学生们听得津津有味。

听了西点军校的校训"没有借口，完美执行"后，我也适时讲给学生听，让他们提高自己的学习效率。生活中，不少孩子遇到困难，遇到挫折，总爱找借口。西点军校出了那么多总统、军事家、企业家，都有什么共同的特点？孩子们听了，便会从中受到启发。遇到事情,孩子们就不再找借口,而是自己想办法去做好。

听了鬼谷子智慧专家兰彦岭的演讲后,我又传递给学生一个观念,即领导活在明天,员工活在当下。凡是领袖都是能规划未来的人,而员工往往目光短浅,只是努力完成今天的活。因此,做人做事一定要有计划,明白自己未来应该怎么办。

新时代新观念很多。一边学习,一边分享,乐趣无穷。教学的源头活水就是生活。学生们觉得在学习之余,老师给了他们闻所未闻的观念,很新鲜,很实在,很吸引人。老师也觉得和学生们一起分享这些新观念、新做法,很有趣、很有意义。教学相长,师生在分享中共同成长。

不断改进,提升管理

接手一个新生班级,一个学期下来,我进行了好几次的改进,管理越来越顺利。

9月份,新生刚来,班干部与学生们渐渐熟悉学校的管理与工作,自觉性较强。

10月份,班上推行"优秀小组评比制度"。当时全班分三大组,两人同桌,面朝前面黑板,按传统座位坐着。每周教室里贴上一张有组别、时间、评分项目的简单的"一周优秀小组评比表",由班干部们分别从纪律、学习、劳动、两操、仪容仪表等方面计分。次周一上午公布上周"优秀小组"。但后来大家发现小组评比制度比较笼统,于是又加以改进。

11月份,全班同学讨论后,在班上推行"日常行为评分制度",每人每天都会计分。每天班长张贴一份有全班姓名及评分项目的"学生评分表",一周五张,由负责各项事务的班干部分别填写,周末班长再算出每人总分。谁分数最高,谁就是本周"文明之星",并上报学校。刚实行个人评分制度时,效果非常好,每天的作业收得很整齐,卫生也有不少人抢着做。但每天都要张贴评分表,而且评分算分太过麻烦。时间长了,积极性还是略有下降。

12月份,班上开始推行"小组合作与竞争制度",开创小班化管理局面。当时,我班32人,8人一组,共分4个大组,面对面坐着,以方便合作学习。每组都有优等生、中等生、学困生,在最大限度上力求平衡。4个大组的组长每周一都要设计好本周本组的评分表格,包括组员姓名及星期并张贴好,由负责各项事务的班干部每天给同学们加分或扣分并简单注明原因。每到周末,4个大组长交叉算好其他组的组员分数及每组总分。班长公布本周"优秀小组"和"文明之星",并上报学校。这样,由组长设计表格并张贴,学生们可以自动进行评比,老师就省事了。而且这样做,不仅小组之间可以评比,学生个人之间也可以评比。个人加小组评比能激发学生们的积极性。

期末考试前一周,班级实行"独立学习制度"。单人单座,横排五人,纵排六人或七人,这样做有利于考前复习。原来的各小组评比照常进行。

就这样,适时地改进与创新,班级始终充满了活力,不断向前发展。

不断尝试,提升自己

刚开始做教育实验的时候,我基本每学期都给自己定一个研究课题,并在期末写篇论文来做个总结。记得第一学期,我重点研究如何在教学中培养学生的优良品德;第二学期,我重点研究如何培养学生的自我教育和自主学习的能力;第三学期,我重点研究如何开展好课外活动;等等。后来,只要有了好方法,我都会根据自己班级的实际情况,在班上进行实践并加以改进。

我们班曾经创建过嘉禾文学社、萌芽文学社等社团。学生积极报名,十分踊跃,掀起了一股写作的热潮。社团成员还曾一起在周末去烈士塔爬山,进行写作采风。每一届学生都有不少作文在报刊上发表,激发了孩子们创作的热情。

我们班曾经创办过班级周报。每周由大组长轮流办报,引领、监督全班同学的日常行为。其中,关于优秀小组评比及学习、劳动、体育等方面的检查必开专栏,其他可开设"班级大事""才华展示"等栏目,要求认真观察记录,对于班级里的人或事,要发表自己的看法。在"才华展示"栏里,可把自己得意的绘画、作文、书法等展示出来。每期周报一出来,大家都会围过来看看。全班同学相互监督、相互促进。

我们班曾经创办过班刊,刊名叫《阳光旋律》。班刊里面有我们的班级文化照片,有同学们参与活动的照片,书里面的所有文章都是同学们自己写的,大部分为在报刊上发表的作文和在国家、省、市级各类作文大赛中获奖的文章。全书分为六篇:师生情谊、律动年华、追寻快乐、文明少年、先锋园地、未来有约。前言与后记都是班长写的。班刊做好后,同学们都抢着轮流阅读,都在寻找自己的照片与文章。这无形中也给了孩子们前进的动力。

我们班曾经轮流写过《班级成长日记》。从每学期上学的第一天起,我或者副班长写好前言,然后把本子发下去,全班按顺序轮流写当天发生的主要事情。周五中午我值班时,由副班长上台念本周同学们写的班级日记。这本《班级成长日记》实际上是对全班同学每天行为的一个监督。期末,副班长再写一篇后记,对本学期全班的表现做个总结。

在班级管理中,我做过许多尝试。教育是越摸索越有趣味。不断改进,不断创新,学生的精神面貌、行为习惯、学习成绩等也越来越好,自己的教育教学工作也越来越轻松,越来越有趣味。

让演讲更有魅力

期中考试后,我班召开了一次家长会。讲完一些班级事务后,我给全班学生和家长做了一次演讲,主题为《给孩子成长的力量》。

在演讲中,我结合课件进行,以期通过多媒体的图片、声音、视频等取得更好的教育效果。

这个课件,是我在暑假学习一些书籍和论坛后,根据自己班级的实际情况,精心制作的。整个课件分好几个部分,内容非常详尽,图片非常精美,总的来说非常感人。

事实上,一些家长和学生都非常满意。特别是刚从我区某重点中学转来的一位男生在日记中说,以前的家长会都很平淡,这次的家长会让他很感动,今后一定要好好学习。当然,只有用心准备,用心做事,才能取得良好的教育效果。

虽然有一些好评的声音,但实际上整个过程我并不满意。因为课件内容做得很丰富,所以我很依赖课件,几乎是照着课件里的内容在讲述。

其间,我感觉照着念的效果不好。于是就跳着讲。还好,课件里准备的内容较多,最后终于在一个半小时的时间里讲完了重点内容。

家长会结束后,我决定精简课件内容,课件只能当作演讲的辅助工具来使用。今后的演讲要做到心中有数,胸有成竹。

无独有偶。

在开完家长会后的双休日里,我参加了在本区举行的一场全国性的语文研讨活动。作为听众,我注意观察了台上各位专家的演讲效果。

其中,有的专家语言生动,许多案例信手拈来,还是挺吸引观众的。

但有的专家几乎全在念自己课件里的文字,十分乏味,听众几乎听不下去,在下面窃窃私语。

现代社会,网络发达,人们演讲时常会利用课件辅助,形象生动,可以更好地吸引听众。但是,若把课件当成了依赖,把自己当成了传声筒,演讲其实就毫无意义了。

作为老师,我们平时不可避免地经常会有些演讲,要么在自己班上讲给学生们听,要么在班级之外讲给同行们听。无论是孩子,还是大人,听众们都有自己的辨别能力。演讲得好,听众就爱听,效果就好;演讲得不好,听众就不爱听,效果就不好。

那么,如何让自己的演讲更有魅力?结合自己的亲身经历和他人经验,我想应该做到三点。

第一,要真诚友善。

真诚才能赢得信赖。亚历山大·吴尔寇特说:"一个人若讲话诚恳,他的声音便会显出真实的色彩,靠装是装不出来的。"我们演讲的目的就是要说服他人,就必须把我们的观念与内心的信念融合起来。生活中,我们常会碰到和你意见不相同的人,并且就某些话题进行相互讨论。如果我们的态度十分友善,讨论的效果就会很好。伍德·威尔逊总统也说:"假如你对我说:'让我们坐下来讨论讨论。'我们就会发现,其实我们大部分还是一致的,只是少部分观点上不同。只要彼此有耐心,以诚相待,还是可以谈到一块儿的。"

第二,要充满自信。

演讲中,我们要对自己所讲的内容十分熟悉,胸有成竹。要永远记住,不要过分依赖任何外在的物质条件,例如课件,它只是我们演讲的辅助工具。即使制作课件,也要做得简单实用,清晰明白,不要有大量较小字体的文字。因为听众对这些小而多的文字并不感兴趣,也不会认真读下去。听众基本只对一些图片、标语等感兴趣。当我们把演讲的重心放在自己身上时,我们会发现自己的讲话也变得明确、从容多了。

马克·吐温曾说:"写下的文字并不适合演讲,因为它的形式是文学性的。这样的文字比较僵硬,缺乏灵活性,也不能让舌头自在地传达讯息。语言的目的在于助兴,而不是指令,所以必须柔软化、松散、富有韵味,然后形成一种无预谋的自然谈话。否则,谈话本身便会变得枯燥无味,不能引人入胜了。"

查理·凯特琳也是美国著名的演讲人之一,他说:"我相信,我所要讲的东西实在太重要了,因此不能只写在纸上。我宁愿用全部的精神,来写在每位听众的心灵和情感上面。纸张会把我与我所要打动的那些人隔离开来。"同样,写在课件上的大量小而多的文字,也是不适合演讲的。我们必须把要演讲的内容放在自己心里,自信地表达出来。

第三,要掌握点演讲技巧。

例如,演讲一开始要善于举例,用自己的亲身经历则会更容易让听众得到终生难忘的启示。

在长篇演讲里,我们可以讲三个,最多四个要点。这些要点念出来不会超过一分钟。但是要让演讲变得精彩,就要搜集好自己的支撑材料。事实胜于雄辩。只有最真实、最真诚的事例,才最打动人心。举例、示范、比较、引用名言等都可以有力地证明自己的观点,增强说服力。

演讲结尾时,听众可能已经对前面所讲的内容比较模糊了。许多演讲人常会认为听众像自己一样,一直都对演讲内容清清楚楚。其实,演讲人自己经过长期的思考,对所讲内容早已熟记在心,而听众面对这些则完全是新鲜的。

因此,一位爱尔兰政治家认为演讲应该做到:"第一,告诉听众,你要告诉他们什么;然后告诉他们;然后再告诉他们你已告诉他们什么。"演讲的最后几句话,正是要求听众采取行动的信息。

所以,我们要在结束时,简单有力地概括一下自己所讲的几个主要观点,这样可以给听众留下深刻的印象,取得良好的演讲效果。

相信做到了以上几点,我们今后的演讲一定会更有魅力。演讲,就是在劝说别人接受自己的观点。要想让演讲做得好,一是要修炼好个人的素质,二是要真正地把事情做好。平时,在教育教学的实践中,多留心,多锻炼,我们的演讲能力才能不断提高。

对话成长，走进孩子的世界

每次迎接一级新生的时候，老师们一定会思考，自己应该如何与孩子们相处，如何与孩子们交流，如何与孩子们沟通。的确，只有走进孩子们的内心世界，我们才能发现教育的真谛。而良好的师生关系，可以取得理想的教育效果。

随着社会的发展、科技的进步，利用电话、短信、QQ、微信等通信工具，可以快捷地传达彼此的信息，师生之间的交流也越来越方便。当然，最常见的面对面谈话，也是很好的交流方式。特别是涉及一些重要的事情，师生面谈更是必不可少的。此外，还有书面交流，可以让师生在认真思考后，进行理性的对话。多年来，在与学生打交道的过程中，我最喜欢的就是书面交流，尤其是书信对话，能更好地建立良好的师生关系。原因有以下两点。

首先，网络交流有制约。

虽然网络上的交流很便利、很快捷，但是学生带手机上学却常常会受到制约。学生该不该带手机上学，也是近年来教育界讨论较多的一个话题。对于已经成年的大学生而言，学校可能在带手机的问题上限制较少；但对于尚未成年的中小学生，学校自然会在带手机的问题上限制较严。据不完全统计，因为学生心理尚未成熟，自控力弱，90%的学生使用手机是弊远大于利。因此，老师与学生之间运用网络进行交流并不现实，限制较多。

其次，口头交流有局限。

口头交流是老师与学生进行沟通必不可少的方式，但是每天都找一位学生谈话或交流并不容易做到。最常见的现象则是，在学生某方面引起老师注意时，老师会及时找学生交流一下。然而，即使能坚持天天找学生谈话，这样的口头交流也是有一定局限的。假设一个班主任每天找一个学生谈话，一周五人，那么一个月大约四周，除去双休日，可以与二十多个学生交流一次。一个学期大约四个月，可以与八十多个学生交流一次。这相当于，在一个大班里（八十人左右的班级），班主任每学期可以与每个学生交流一次；而在一个小班里（四十人左右的班级），班主任每学期可以与每个学生交流两次。这样做，交流频率少，掌握信息少，及时教育少。

而书面交流，就能克服上述弊端。利用书信的形式，老师可以每周都与全班每一个学生互动交流，可以及时与各类学生加强沟通。在书信里，学生可以自由畅谈自己的学习或者生活情况，老师每次给予每个人的回复可多可少，不尽相同。有问题，就重点探讨；没问题，就拉拉家常。在这些你来我往的文字里，师生间既交流了信息，又增进了情感。那么，如何开展好书信交流？在接手新生时，我主要做好三个方面的事情。

一、倡导学生书信交流

因为是语文老师，所以我跟学生进行书信交流非常方便。一直以来，我都要求学生坚持写周记，主要是进行写作训练，提高自己的写作水平。但从管理的角度来看，把周记本当作一座老师与学生相互交流、彼此沟通的桥梁，则是非常好的。为了更好地走进学生的心灵世界，了解当代中学生的思想与动态，以促进自己的教育教学工作顺利开展，又带一级新生时，我决定把周记改为每周一次的书信交流。于是，在新学期开始时，我在第一节课上就跟全班同学提出了这一想法。

那是一次非常愉快的开学经历。金秋九月，阳光明媚。我走进明亮宽敞的教室，又看到一班纯真可爱的孩子们。开学第一课，我让每个新同学依次上台，进行一分钟的自我介绍。于是，新同学们都一一上台介绍了自己的姓名，还谈了自己的爱好。老师和同学之间，同学和同学之间，迅速有了初步的了解。

新学期新气象，新同学们都很可爱。为了更好地加强彼此间的交流与沟通，我提出，老师要和同学们开展每周一次的书信对话，同学们每周以书信的形式来与老师交流自己在学校、家庭、社会的学习与生活情况。老师通过书信，可以更好地了解同学们，更好地与同学们交流。果然，在书信交流中，老师就有了很多收获。

在书信里，老师分享了孩子们成长的快乐。看，孩子们多懂事啊！暑假里，一位同学跟爸爸学骑自行车，从中明白了坚持才能胜利的道理。国庆节期间，有的同学去保康五道峡游玩；有的同学去武当山游览自然美景；有的同学在襄阳公园体验开越野车、坐"疯狂老鼠"、进鬼屋的"刺激之旅"。同学们推荐老师有时间也去这些地方玩玩,真好。在家里,有的同学养了一只狗狗,十分可爱与调皮;有的同学在学习玩滑板;有的同学在学习包饺子,还要邀请老师一起去分享呢。看到了自己喜欢的诗歌与美文,同学们也会与老师交流,表达对生活的感悟。元旦晚会上,那些过去从不积极参与活动的同学纷纷上台表演,这些都令大家十分惊讶。其实,中学生的生活是丰富多彩的!

在书信里,老师也看到了孩子们成长的烦恼。前进的路上,有快乐,也会有烦恼。这不,有的同学想在新学校里好好表现,去掉小学里同学们给自己起的不喜欢的外号;有的同学很烦恼爸爸对自己的严格管制;有的同学很烦恼妈妈对自己的责骂;有的同学很烦恼自己怎么从妈妈的乖乖女变成了会顶嘴的"坏小孩"。生活里还真充满了烦恼。不过,学习上的困惑也不少。有的同学基础太差,写信时总有许多汉字用拼音代替,但也在努力学习啊;有的同学很苦恼自己在某次测试中遇到的挫折,希望老师帮忙想想办法;还有的同学想知道怎样提高自己的记忆力,怎样提高阅读理解能力,怎样提高自己的写作水平,等等。成长的路上,只有抛弃烦恼,才能放飞梦想!

在书信里,老师还收获了孩子们纯真的感情。一个个亲切的称呼,一句句真挚的关怀,一次次美好的祝福,在不知不觉间拉近了我们师生的情感。开学初,一位同学说:"谢谢您,杨老师,您让我觉得这个学校不再陌生。"我看了很开心。后来,我又一次次看到同学们对老师表达信赖的文字,诸如"老师我想对您说:是您给了我学习的自信,是您给了我生活的勇气,是您给了我发奋图强的动力,是您给了我奔向美好前程的希望。""在您的教导下,我们慢慢爱上了写作,您知道吗?是您点燃了我心中的文学梦想。"这些话,是对老师多么大的鼓励与支持啊。课余时间,孩子们有时会围着老师唱啊,跳啊,跑啊,偶尔还冲过来与老师拥抱在一起,这场景真是其乐融融。

是的,只有真正地走进孩子们的心灵世界,老师才能知道这么多事情啊!

二、关注热点,激发思考

在书信交流中,当然也发生了些许问题,需要及时改进,不断完善。有一次,在批阅完当周的书信后,我记录了以下两点。

一是要继续指导培训,让学生明白书信的格式。例如,首行称呼要顶格写。正文后祝福要另起一段。若写"此致",要另起一段空两格写;写"敬礼",再起一行顶格写。最后落款放在最右边,自己署名在上面,写作日期在下面。虽然书信也算是一种常见应用文体,但还是有不少同学在格式上出问题。例如,有的在称呼前空两格,有的把署名与日期的位置颠倒,让人啼笑皆非。

二是要征集书信交流的话题。小豪同学说,经过两周的时间,一写周记,脑袋都是空的。写周记遇到了瓶颈期,需与全班商量,看看大家喜欢交流些什么话题。尽管我只要求同学们在书信里写真话、抒真情即可,谈什么话题都行,但日复一日的平淡生活还是让一些孩子不知道写些什么更有意义。中学生应该关注哪些事情?需要全班一起交流交流。

关于第一点,我在课堂上指出了有些同学容易犯的格式错误后,又在黑板上准确板书了书信的格式写法。经过多次指导,学生们渐渐明白了正确的书信写作格式,后面我们交流起来,顺畅多了。

关于第二点,我利用一节晚自习,向全班同学征集了书信的交流话题。我先请同学们说说,大家觉得自己可以和老师交流哪些话题,以打开同学们的思路。这样一说,可谈的话题还是有很多的嘛。最后,我让每个同学在一张纸上写下同学们刚才已经提到的或者自己又想到的、在书信中可以交流的话题。第二天,就全班交上来的提议,我做了个整理,并发布在我的博客上。整理内容如下:

关于学习——

1.总结每周学习生活

2.探讨怎样写好作文

3.怎样更好地去考试

4.探讨看过的好书

5.分享读过的课外书

6.交流学习上不明白的地方

7.谈谈对考试的看法

8.关于课堂纪律

9.怎样做个好学生

10.怎么背书效果更好

11.谈谈阅读的方法

12.美文分享

13.谈谈学习方法与学习态度

14. 怎样学习成绩能提升

15. 给老师提建议

16. 关于作业量

17. 怎样提高学习效率

18. 在学习中遇到困难或挫折怎么办

关于生活——

1. 谈谈生活中的快乐与烦恼

2. 跟老师说说心里话

3. 谈谈与同学发生的事情

4. 谈谈生活中不懂的事情

5. 谈谈家里的委屈

6. 谈谈自己的梦想

7. 谈谈自己的秘密

8. 谈谈上学的困难

9. 谈谈各自的兴趣、爱好

10. 谈谈最想去的地方

11. 谈谈旧时的回忆

12. 谈谈最爱的动物

13. 谈谈自己的偶像

14. 谈谈怎样正确上网

15. 谈谈怎样交友

16. 谈谈怎样预防近视

17. 谈谈假期怎么度过

18. 谈谈怎样做人、怎样为人处世

19. 谈谈怎样解决和同学发生的矛盾

20. 谈谈怎样和同学交流

21. 能在什么时候玩手机

22. 别人欠钱不还怎么办

23. 怎样变得成熟稳重

就这样,同学们会写信了,也有话题了,每周的交流便成了常态。作为老师,我常常喜欢看到那些用心交谈的书信内容。作为学生,孩子们也总是喜欢看到老师给自己的用心回复,不管是多是少。

三、每周回信交流思想

当然,每周批阅一次全班交上来的书信,我的回信时间也是有限的。我大部分的回信都简单凝练,但亲切自然,能让同学们感受到老师对自己的关爱。同学们也很快在书信中,拉近了与老师的心灵距离,无话不谈。

不过,我告诉全班同学,每周我会详细地回复两三封信,并打印出来,在次周一上课前发给相应的同学。诚然,这些同学在信中谈到的话题都比较好,值得深入探讨。就这样,我们在字里行间对话着成长的含义,体味着成长的滋味。总结这些来来往往的书信对话,不外乎以下几方面的主题。

对话思想:学会为自己加油

中学阶段,正是一个孩子从依赖走向独立的过渡时期。社会的迅速发展,家庭的耳濡目染,学校的教育生活,都在不断影响并冲击着孩子的心灵,思维活跃的中学生面临的困惑与烦恼也随之而来。在同学们与老师交流自己成长的烦恼时,我教会他们要学会为自己加油。例如,怎样控制自己的情绪,怎样面对成功,怎样管住自己,怎样面对成长的烦恼,等等,我总是站在孩子的立场上,告诉孩子要学会自己给自己加油。相信自己,才能更好地前进。

对话学习:掌握科学的方法

对于中学生而言,学习肯定是自己日常生活的主旋律。每个人的学习都不是一帆风顺的。那么,怎样才能搞好自己的学习?许多同学常常会有这样的困惑。此时,老师要做的就是教他们掌握正确的学习方法。正所谓:"授人以鱼不如授人以渔。"例如,怎样面对考试,怎样背书又快又好,怎样做好课外阅读题,怎样让自己的朗诵更有魅力,怎样修改作文,怎样写出一手好字,怎样读书,等等。我就教孩子们掌握正确的学习方法,提升学习的能力。

对话生活:快乐在自己手中

在孩子们的世界里,生活不是只有快乐,烦恼总会不期而来。面对生活中的困惑,孩子们有时不知如何是好,无法排解。此时,老师的一句话,或许就能帮助孩子走出迷雾。例如,怎样面对不良的家庭学习环境,怎样顺利度过青春期,怎样让自己不再做"低头族",怎样戒掉游戏网瘾,等等。复杂的社会环境、家庭环境,孩子们改变不了,但可以学会改变自己。于是,我常常站在孩子的角度,告诉他们学会把快乐掌握在自己手中。

老师的幸福,就在于走进孩子内心世界。在一次次的交往中,孩子们给我带来了许多快乐,也带来了许多启发。每一个孩子的来信,都是我开展教育的宝贵财富。我就像发现珍宝一样,细心研读每一封信,认真回复每一封信。让孩子们有收获的同时,老师的教育水平也在不断增长。通过这些书信来往,老师认识了自己的学生,学生也认识了自己的老师。就是这些心灵的对话、朴素的文字,让我们走得更近、相处得更好。只有走进孩子的内心世界,我们才能发现教育的幸福所在。

善于做调查研究

著名教育家陶行知先生说:"我们要跟小孩子学习,不愿向小孩子学习的人,不配做小孩的先生。一个人不懂小孩的心理,小孩的问题,小孩的困难,小孩的愿望,小孩的脾气,如何能教小孩?如何能知道小孩的力量?而让他们发挥出小小的创造力?"

所以,平时我们要多向学生进行调查,了解他们喜欢什么样的老师,喜欢什么样的课堂,喜欢怎样留作业,等等。只有这样,我们的教学才能以学生喜欢的方式开展,让学生乐于接受。

老师的直接教育对象是学生。一个老师若想提升自己的教育教学水平,最简单的办法就是多听听学生的心声,多听听学生的想法。每个老师所面临的教育对象不同,所遇到的教育状况也不同,因此,只有善于在自己的班上做调查研究,才有助于提升自己各方面的能力。

调查的方式有许多种,可以是书面调查、口头调查,还可以是网络调查等。在与学生的交流中,老师可以掌握大量信息,从而让自己发扬优点,改正缺点,走向进步。

在调查中,了解学情

从简单、方便、实用的角度看,我更喜欢书面调查,常常让全班同学以匿名的方式就某一个问题,来谈谈自己的看法,一定要畅所欲言。例如,我曾经向全班同学调查"如何提高课堂学习的注意力",每个同学都谈了许多,课后我专门梳理了一下,把孩子们想到的办法做了记录。略去重复的内容,整理如下:

1.老师应该把课讲得生动、幽默,但又不失严肃,这样既能吸引同学们上课的注意力,又让同学们不敢轻易走神。

2.讲课时可以通过穿插一些小故事、小笑话或课外知识等,来吸引同学们。

3.课前三分钟的演讲也能吸引同学们的注意力,可多讲一些非学习内容的话题。

4.同学们应该明白学习的重要性。

5.同学们应该把心放在学习上,树立崇高理想,用理想来激励自己。

6.同学们要养成良好的睡眠习惯,上课精神才会更好。

7.同学们要培养意志力,必须让自己的思维跟着课堂步调走。

8.同学们要在生活中多培养注意力。

于是,在上课前我先跟全班汇报了本次调查结果,并提出,该老师做到的,老师一定努力去做到,该同学们做到的,希望同学们也一定要努力去做到。通常,在调查之后,同学们的表现都会非常好。作为老师,我自然也明确地知道了自己的改进办法。

在调查中,关注生活

当然,平时我也会做些随机调查。

有一天清晨,去上早自习。走到学校门口,我发现许多学生端着盒饭站在那儿吃。上楼梯时,小艳同学正拿两个饼子边走边吃,我就顺便跟她聊了几句,得知她很少在家吃早餐。

上课前,我首先做了一个调查,请能够坚持每天在家吃早餐的同学举手。结果全班58人,只有3人举手,我请这三个同学分别谈谈他们为什么能够坚持每天在家吃早餐。

小亮说,因为有妈妈每天给他做早餐吃。

小敏说,因为有爸爸每天给她做早餐吃。

小莹说,因为她家是开饭馆的,每天做饭很早。

之后,我给同学们讲了自己儿时读书吃早餐的事儿。在我上小学和初中时,街上基本没有卖快餐的饭馆,没有现在这么便利的条件。我一直都是在家里吃早餐,每天的早餐都是父亲做好的。那时,因为我家每天晚上喜欢吃米饭,又有剩余,所以第二天早上,我的早餐一般都是鸡蛋炒米饭。母亲常跟我们说,父亲这辈子最伟大的地方,就是在我们小时候每天上学前给我们做早餐吃。普通老百姓没有什么轰轰烈烈的大事,而这点点滴滴的小事正体现了亲情的伟大。

最后我提出希望,虽然现在早餐面馆多,在外吃饭很方便,但还是希望同学们能自己在家做早饭吃，既卫生又有营养。

下课后，遇到小雪同学，我们就一起边下楼边聊了几句关于吃早餐的事。她说，她自己做的饭比妈妈做的饭还好吃。我就随意说了一句，希望以后有机会尝尝她的手艺。她笑了。

在调查后，及时反馈

过去，我在教学上做的调查更多些。每个学期我都会请全班同学给自己提一次建议。我常想，一定要多做些调查，了解自己学生的心声，这样才能根据实际情况改进教育教学工作，从而多做有用的事情，少做无用功。

有一次，课堂学习结束，我专门在最后留了十五分钟，让学生们各自拿出一张空白的纸，给平时的语文课及作业情况提提建议。学生们写了很多，整理后大致如下：

1. 天天写作业很烦恼，应该适当地布置点作业。平常，如果作业能在课堂上完成，效率会更高。

2. 如果一上课就背默知识点，会觉得很枯燥，不想动，应该先找点有趣的事情，激发同学们上课的兴趣。

3. 调动全场氛围，可采用接龙方式，小组内每个人都要回答问题，输的那个组唱歌。

4. 课堂上前几分钟讲几个笑话，或脑筋急转弯，大家乐乐。

5. 课堂上多讲讲名人趣事，穿插在要学习的内容之中，可让课堂气氛更好一些，这样大家会很高兴。

6. 经常在语文课上增加课外知识，使大家知识面更广。

7. 老师不拖堂，在课堂上只说有用的话，经常在班级前面和后面走走。

8. 优秀作文，让本人上台念。

9. 让同学们自己主持评讲作文课，可以调动全场的氛围，可以锻炼主持人的管理能力，增强个人的约束力，还能让同学们的思维不受拘束。可以派两个同学维持纪律。

10. 每次作文点评课，同学们轮流主持，请老师点评主持情况。

11. 对于优秀的作文，请老师指导同学去投稿。

12. 多讲一些写作文的方法，以提高同学们的写作水平。

每次调查完，我都会及时跟全班反馈，让彼此都明白这些好做法。照着大家说的去做，果然效果挺好，老师教得轻松，学生学得有效。

在调查后，改进工作

有一次，上午一、二节是语文课。每周此时都是我班进行写作训练的时候。第一节，老师布置题目当堂写作。第二节，学生上台念自己的作文，其他同学点评。以前这两节课都是由我在监督、主持，后来经过调查，同学们觉得老师不在教室，他们自己进行效果更好，只要选好管纪律和主持的人就行了。于是我采取了同学们的意见。两节课都由小金同学照看纪律，作文点评课由小雾同学负责安排。今天的两节课，全班同学的表现令我很满意。

这两节课我基本上都在办公室备课。第一节快下课的时候，我去教室看了看，全班静悄悄的，没有一个人说话。大多数同学已经写完了作文，只有少数人还剩一点正忙着赶。第二节快下课的时候，我又去教室准备安排课堂结束的事情，只见主持人莎莎同学在黑板上写了几个错别字，还在念一篇其他学生的作文（可能该同学的声音小吧），然后台下同学点评得很准确、很实在。朗读作文和点评作文，都比平时老师在的时候做得还仔细。我很满意。

最后我又做了一个调查，问同学们："大家觉得老师在教室好，还是不在好？"同学们都说："不在好。"我自然很高兴。如果学生愿意发挥好自己的主观能动性，自己管理自己的学习，当老师的又何乐而不为呢？当学生学得主动而有兴趣的时候，老师自然就轻松了。

在一次次的教育教学调查中，老师可以不断地改变自己，提升自己，获得进步。学生们毕竟都是孩子，很单纯、很直率。他们的话往往直截了当，不拐弯抹角，却最能催人进步。我很珍惜每一届学生，总是多向他们请教，并接受他们的监督。

一路走来，从学生的评价里，我发现自己的进步越来越大。多年前，小强同学说："您是我最喜欢的老师，我们班的同学都很喜欢您。"那是我从教以来第一次听学生这样说，怎不感动？后来教的一届届学生自不必说，我们相处得十分友好。

课堂教学，从乏味变得有趣；师生关系，从平淡变得亲密。这些都是经常向学生调查，经常跟学生反馈，经常为学生着想，而一点点获得的进步。无论何时，善于做调查研究，都应该成为我们教育教学工作的常态。

做 学习型老师

班级成长密码

上海市著名教师于漪有一句教育名言："一辈子做教师，一辈子学做教师。"的确，要想做一名好教师，必须与时俱进，终身学习。只有善于学习，才能拥有爱的能力，才能增长教育智慧，才能不断走向进步。

向同行学习

尺有所短，寸有所长。每个人都有各自的优势。对待同一件事物，对待同一个现象，同行在相互交流时就会有不同的看法。孔子曰："择其善者而从之，其不善者而改之。"我们要善于学习他人的优点，借鉴他人思想的独到之处。

古人又说："独学而无友，则孤陋而寡闻。"只有多与同行交流学习，我们的思想才能变得开阔。不同思想经常相互碰撞，才会有智慧的火花闪现。

一次暑假培训时，在我区教育系统师德报告团事迹报告会上，我们聆听了数位优秀教师的师德事迹，非常感动。这些教师热爱教育事业，乐于奉献。在教育这片热土上，他们积极学习，不断进取，既教好了学生，又成就了自己。在自身的求索与成长中，这些老师都有着高尚的师德和教育的智慧。他们的事迹告诉我们，当老师不但要对学生有一颗爱心，更要有爱的能力，爱的智慧。

一、发展学生特长，激发上进心

有智慧的老师善于发现学生的特长，并利用学生的特长，帮助他成长，帮助他进步。定中街小学的党老师就是这样帮助一位"问题"学生的。这个小孩平时喜欢在网吧里玩游戏，不爱学习。他的父母也长期分离，孩子没有一个完整的家。后来，党老师发现这个小孩喜欢玩五子棋。于是，党老师就在班上利用放学后的时间，带领全班开展五子棋比赛。每天谁第一，就在班级张贴的比赛表上做个记号。这个小孩每次都获得第一，他的比赛成绩直线上升。胜利的喜悦激发着孩子的上进心。孩子开始变得热爱学习。就这样，五子棋比赛拉回了迷恋网络游戏的孩子。

二、寻找学生优点,培养自信心

每个人身上都有优点和缺点。只不过,有的人身上优点多,积极上进的一面得到发展;而有的人缺点多,消极落后的一面得以滋长。学生同样如此。有智慧的老师就善于寻找学生的优点,用优点来培养起学生的自信心。职教中心学校的学生通常都比较顽劣。该校电子电工班的张老师非常懂得赏识自己的学生。一开学,他就让每个学生写下自己的优点,准备从中寻找教育的突破口。结果学生们写的优点居然都是"无"。但张老师一直循循善诱,不断启发学生们寻找自己的优点。比如,有的学生说自己爱劳动,有的学生说自己有爱心等。在找到自己的优点后,学生们慢慢开始变得自信。每个人都想获得自己老师和其他同学的赞赏。张老师就是这样,一定要让学生觉得"天生我材必有用"。后来,该班成为学校有史以来最优秀的理科班。

三、及时表扬学生,启发责任心

俗话说:真诚话感人,鼓励话助人。有智慧的老师就善于发现好的典型事件,及时、真诚地表扬学生,让学生在老师的赏识中不断进步。王寨中心小学的刘老师班上,就有两个"问题"学生在老师的一次次表扬下,学习获得进步,能力获得增长。一个是留守儿童,第一眼给刘老师的印象是脏兮兮的,不爱读书。但有一次,刘老师发现他很孝顺,因为他坚持在雨中等了半小时,一定要陪奶奶一起回家。事后,刘老师及时在班上表扬了他的孝顺。后来,在刘老师的一次次表扬中,他变得爱学习了,进步了。还有一个学生,每次回家后就在妈妈的帮助下预习功课。刘老师没想到一个淘气包也能这样,次日就及时表扬他,并给他发了一朵小红花。孩子很高兴。后来,该学生还学会了当小老师,管理班级。

爱是教育永恒的理念。只有爱学生,才能教育好学生。孔子说:"爱之,能勿劳乎?忠之,能勿诲乎?"夏丏尊说:"没有爱就没有教育。"苏霍姆林斯基说:"我把整个心灵献给了孩子。"古今中外的教育家们尽管有着各自不同的教育风格,但有一点是共同的,那就是"爱的教育"。但凡优秀的教师,不但对学生有一颗爱心,而且懂得运用智慧去爱自己的学生,让学生们在合适的教育方法下逐渐进步,健康成长。所以,让我们每一位老师都做拥有爱与智慧的人吧。

向名家学习

苏霍姆林斯基、陶行知、钱梦龙、魏书生、李镇西、任小艾等古往今来的教育名家是我们学习的榜样。读他们的著作,我们知道了教育家们顽强奋斗的人生经历,他们给我们动力,激励我们前进。读他们的著作,我们知道了什么是科学的教育方法,知道了许多教书育人的奇思妙想。大浪淘沙,留下的都是金子。让我们一起学习这些经过历史沉淀留下来的名家学说吧。

《第56号教室的奇迹》是我从网上买回的一本教育书籍。买回来后,一打开书,我就被书中的文字吸引了。看完本书后,我最深的感受就是,雷夫·艾斯奎斯是一个拥有爱与智慧的老师。

25年来,他一直在霍伯特小学担任五年级的老师,但是他却在这间会漏水的小教室里创造了教育的奇迹。他教的孩子们长大后,纷纷顺利进入哈佛、普林斯顿、斯坦福等名校就读,还经常返回第56号教室捐款、做义工。

他视班如家。

在书中,雷夫不止一次提到《绿野仙踪》里桃乐丝说的话:"没有任何一个地方比得上温暖的家"。他和他的学生都视自己的班级为家。

每年,第56号教室的学生们除了进行各项计划和学习之外,还会制作、演出一部完整的莎士比亚戏剧。雷夫为之也付出了很多的心力。今天,这些小小莎士比亚们已经举世闻名了。但是,即使这些学生受邀在豪华的舞台上演出,他们还是认为,教室的演出经历更值得回忆,也更具有教育意义。

雷夫用心地布置教室的设备,并不断地进行完善。为了让孩子们能够在自然课上自己动手做科学实验,经过一年又一年的积累,一点点地购买,雷夫终于为自己班级买到了一整套戴尔塔科学器材。科学器材都很昂贵,老师的薪水微薄,为此,也有一些愿意尽一份心力的家长捐款。就这样,第56号教室的学生可以每天都上半小时的实验课。孩子们乐在其中,他们很多人都表示最喜欢的课就是自然课。

无论是正式上学之前,还是放学之后,第56号教室的学生都喜欢提前到教室或晚些回家,这些都是自愿的。雷夫利用学生们提前一小时上学的时间,训练孩子们解决问题的能力。而下午放学后,雷夫会和学生们留下来观看优良的电影。好的电影能帮助孩子们建立美好品格。第56号教室就像家一样,吸引着孩子们在这里愉快地成长。

他育人有道。

雷夫是一个富有智慧的老师。他明白怎么做能让孩子们热爱自己的班级和老师,他还明白怎么做让学生学会做人做事。

为了让孩子们热爱自己的班级,雷夫致力于打造无恐惧的教室。他会在开学的第一天和学生们玩信任练习的游戏,让学生们明白破裂的信任是无法修补的。身教重于言教。在这里,孩子们非常信任雷夫。有位孩子曾说,别的老师没有耐心给他讲题,但是雷夫老师会讲500遍,一直到他听懂为止。这就是孩子们对一个老师的信任。雷夫还指出,老师可以严格,但如果不公平会就失去人心。为孩子们打造一个坚固而友善的避风港,就等于给他们机会,让他们成长为充满自信又快乐的人。以信任为基础的教室,是孩子们学习的绝佳场所。

但这只是一个开始。为了让学生们拥有更好的生活、学习的能力,雷夫把"道德发展六阶段"导入自己的班级。而学生们的回应让他惊讶不已。从第一阶段的"我不想惹麻烦",到第六阶段的"我有自己的行为准则并奉行不悖",雷夫其实已经把孩子们培养成了有自己思想的独立的人。无论是在学校,还是在社会上,孩子们都表现得很好。有个叫布兰达的女孩儿,在路上帮助了一个被人殴打的小男孩,却隐姓埋名,不让男孩的妈妈感谢,不让雷夫插手。他们师生之间一直保持着很亲近的关系,却从没聊过那天发生的事情。这就是教育最美好的境界了。

他教学有方。

毋庸置疑,雷夫老师的教学也充满了智慧。因材施教,寓教于乐,致力于学生的终身发展等,都在雷夫老师的教学中得到了充分的体现。

他关注学生的终身学习。当同龄的孩子还在看学校派发的基础读本时,第56号教室的学生已经开始品味经典名著了。孩子们不仅在课堂上读书,也在图书馆读书。雷夫指导的与读书相伴的写作,更是值得我们借鉴。每周作文,每月读书心得,还有每个学生用一年的时间完成的一本少年创作书,对学生们方方面面的能力都是一种锻炼与挑战。

他通过做数学游戏,让学生们全方位、多角度地学习数学课程;他通过积分游戏、看电影、旅行、动手自制作品等,让学生熟悉美国的历史;他在自然课上,让学生动手做实验,让学生自己面对失败,让学生用微笑面对冥落;他在艺术课程上,让学生永远做展示的重点与焦点;他带领学生一起练习棒球运动,一起去看比赛。想想,这样的学习多么有趣,孩子们会多么喜欢。

雷夫还开发了经济课程，让学生们学会规划自己的生活，并学会科学地赚钱，学会合理地花钱。他说："要帮助孩子出人头地，就要拿能让他们终身受用的课程来挑战他们。在别的孩子出门在外没有计划、没有节制地乱花钱的时候，第56号教室的孩子们总能把自己的生活安排得十分轻松。

雷夫·艾斯奎斯是美国的一位传奇老师。他爱自己的教育事业，他爱自己的学生们，更为重要的是，他的爱是富有智慧的。"会爱"是一种教育智慧。全国模范班主任任小艾老师有一句话说得好："爱是需要一种能力的，不是光你爱学生就够了，你要让你所爱的学生也爱你，这就是爱的能力。"所以，在教育的路上，让我们拥有爱的能力，让我们将爱与智慧同行！

教育是一门古老的艺术，需要我们用一辈子的时间来学习。而当今社会又是一个终身学习的时代。让我们始终保持着一种谦卑的态度，做一个学习型的教师，把自己的本职工作越做越好。

观 看影视，感受教育人生

许多电影、电视专题片，都能给我们带来深深的思考。尤其是那些经典的教育故事和不朽的教育名家，更是让我们感受到了教育的美丽人生。

有一天晚上，我看了一部经典教育电影《放牛班的春天》。电影里面的故事很让人感动，特别是马修老师离开孩子们的那一段。孩子们挤在楼上的一个小窗口前，依依不舍地目送老师离去。遇到一个马修这样的好老师，是孩子们一生的幸运；而遇到一个哈森这样的校长则是孩子们的灾难。这是一部充满温情、阳光、静谧的影片，引发人们对教育的思索。

第二天上午，我又看了一部经典教育电影《热血教师》。面对全校最差班级的顽劣学生，克拉克老师差点放弃，但他最终坚持了下来。他用自己对教育事业的一腔热情，用自己生动活泼的教育方式，既赢得了学生们的热爱，又让该班的毕业考试成绩超越了优等生班级的成绩。该班的每个孩子都顺利进入著名高中学习。曾经，学生的颓废、顽劣一度让老师崩溃，但结局又令人欣喜。一切都是必然，付出就有收获，功到自然成。

看完这两部影片，我也被剧中的老师深深地感动了。

生命如一片轻盈的羽毛
——电影《阿甘正传》观后感

又有一日，我观看了一部美国著名影片《阿甘正传》。影片的开头和结尾都是一片不断飘飞的洁白轻盈的羽毛，给了我深深的启示。其实，生命不就如一片轻盈的羽毛吗？

未来在哪里？谁都不知道，生命如一片羽毛随意飘飞。

电影以一片飘飞的羽毛为开始。这片羽毛不正如一个降落人间的生命？当这片羽毛在天空中飞行，经过高楼、树木、汽车……你不知道它要去哪里，会落在哪里。这不恰恰说明了人这一生如同羽毛的飘落一样都是未知数吗？最后这片羽毛飘落到了阿甘的脚下，开始了阿甘传奇的一生。阿甘生下来智商只有75，但他的母亲为了他以后的生活，想办法把他送进了正常人的学校。然而在校园里，总有坏孩子欺负人，阿甘也是常常受欺负，这时他喜欢的女孩珍妮告诉他，打不赢就跑。于是，他跑了起来，甩掉了追赶他的人。他越跑越快，跑进了大学，跑成了橄榄明星、越战英雄、国会勋章获得者、乒乓球明星、百万富翁。一路跑下来，阿甘拥有了丰富而传奇的一生。

　　成功如何来？如飘飞的羽毛般执着向前，或许才能拥有。

　　现实中，许多人总是太聪明，想要的太多。于是，这件事做做，那件事做做，却总没有一件事做到最好。而阿甘却告诉了我们如何获得成功。不太聪明的阿甘，有着常人没有的最单纯的思想、最执着的追求，于是他成功了。阿甘最喜欢的珍妮，一生都在不断追求满足自己的欲望。珍妮穿大学校服为《花花公子》杂志拍照，被学校开除，成了酒吧歌手。后来，她迷上了迷幻药，漫无目的地在各州流浪，结交各色的陌生人。尽管她打扮得越来越艳丽，但对生活却越来越绝望。最后，患上不治之症的她终于决定和阿甘以及他们的孩子一起度过生命的最后时光。和阿甘相比，珍妮有着雄心勃勃的青春，却迷失在沉沦的精神世界里。幸福对她而言来得太晚，也太短暂了。其实，我们大多数人就像珍妮一样，想追求成功，却不务实，最后很少成功。生活的本质就是务实、平淡。只有像阿甘一样执着向前，方能走向成功。

　　快乐在何方？如美丽的羽毛般轻松前行，或许才能简单拥有。

　　在越战中失去双腿的丹上尉总是抱怨生活，抱怨老天，甚至抱怨阿甘救了他，让他没有和他的祖辈一样成为烈士，而是成了一个没有双腿的怪人。但是抱怨了那么久，他改变了什么？没有，一点都没改变。丹上尉依旧过着天天买醉的生活。可见生活不会因为你无休止的抱怨而改变。后来他看见执着的阿甘为了完成好朋友巴布成为捕虾船长的遗愿而忙碌的时候，他第一次被阿甘深深地感染了，决定和阿甘一起捕虾。正是这个改变，丹上尉才在后来成为百万富翁、娶了个漂亮老婆。试想，丹上尉如果仍然像以前一样抱怨生活的话，他永远都不会成功。只有甩掉心理上的包袱，我们才能轻装前行，去拥有快乐、美丽的人生。

　　阿甘的一生看似简单，却无时不充满着传奇。还有什么事，是阿甘不能做成功的呢？那我们呢？我们能否像阿甘一样，一次只做一件事？在橄榄球场上只知道跑,在军营里只知道组装枪,打乒乓球时眼睛永远不要离开球,在战场上为了救巴布不顾自己的生命,面对爱情时全世界只有一个女人珍妮,捕虾时永不言弃,跑步跑成美国精神的象征。

珍妮的梦想是成为歌手,巴布的梦想是捕虾过上好日子,丹上尉的梦想是能像他的祖辈们一样战死疆场。阿甘没有梦想,他仅仅是每次只做一件事,做好一件事!阿甘告诉我们:真正打败你的不是竞争对手,而是你的小聪明;真正让你强大的不是你的才华,而是你的认真和专注!没有梦想、头脑简单的阿甘可以成功,可以若干次地创造奇迹,我们每个人也可以!

捧着一颗心来,不带半根草去
——专题片《陶行知》观后感

一天中午,我下班回家打开电视,发现中国教育频道正在播放专题片《陶行知》,便看了起来。看着看着,不知不觉便被陶行知的为人、事迹所感动。一代教育家陶行知的一生真的是感人肺腑,催人泪下。

在充满危机的旧中国,陶行知滞留海外仍不忘思考、宣传自己的教育思想。

因国内许多进步人士被杀害,作为当时中国的教育家和教育会长而出国交流的陶行知被迫滞留海外。他经过希腊,在关押哲学家苏格拉底的石牢门前静坐沉思了五分钟;他经过德国时,第三次去祭奠伟大的思想家、政治家马克思;他与印度领袖甘地热情交谈,宣传他的教育思想,甘地认为他的教育思想对于贫困的印度非常适用。他还呼吁美国工人不要为日本运送废旧钢铁,因为这样会使美国富人腰包鼓鼓,使中国民众血花四溅。

在贫困不堪的旧中国,陶行知四处奔走,历尽千辛万苦,创办重庆育才中学。

育才中学是在一座旧庙里创办起来的。当时政府只同意办学,没给予任何经济投入。没有办学经费,陶行知自己想办法筹备。学生没有粮食吃,没有像样的衣服参加演出,陶行知自己想办法解决。育才中学的学生就像几十位"活菩萨",而陶行知就像一位"苦行僧"四处化缘,坚持办学。当时有人劝他说,不要再办育才中学了,这是抱着石头过河。可陶行知却说,自己是在抱着爱人过河,彼此相互鼓励。陶行知把办教育当成乐事,对育才中学倾注了全部的爱。

在一穷二白的旧中国,陶行知不但创办了一所学校,而且学校的师生素质都很高。

育才中学的老师们是优秀的,例如文工组组长是著名诗人艾青,音乐课老师是音乐家贺绿汀,等等。有一次,贺绿汀为了买几本乐谱跑遍重庆山城,回来时船翻了,许多人被淹死。他在冰冷的河水里挣扎着游到岸边,怀里仍抱着那几本乐谱。由此可见,当时搞教育是多么困难。但就在那样一所贫困的学校,陶行知开办了各式各样的课程和班级,有文学课、音乐课、绘画课、木工组、锄头班等等。学校根据时代的需要而办课。在育才中学,学生们的素质也都很高,令人惊讶。这些小小的学生能相互当老师,能分析时局,能表达自己的观点。在当时两手空空的情况下,能创办出这样的一所学校,陶行知真不愧为中国近代伟大的教育家。

抗日战争胜利后,陶行知准备在中国创办更多的育才中学。然而内战的爆发,使得陶行知生活教育社的理想最终没能实现。在内战的乌云笼罩下,李公朴、闻一多等进步人士被杀害,危机逼向陶行知。但陶行知坦然面对。为筹措经费,陶行知便卖字。有一回,在写了五个小时的书稿后,陶行知又彻夜不眠地整理。由于过度的压力和劳累,第二天他突发脑溢血死亡。陶行知逝世时,许多人痛哭失声,前来送行。电视上,被采访的已近古稀的当年育才中学的学生,谈起老师仍禁不住老泪纵横。陶行知的两句诗正是他一生精神的写照:捧着一颗心来,不带半根草去。

网络研讨,视野更加开阔

进入互联网时代,人们的学习越来越便捷,交流也越来越容易。"海内存知己,天涯若比邻。"在网络的世界里学习与研讨,视野将会更加开阔,思考将会更加深入,生活也将会更加有趣。

走进网络研讨

有一次,我在新华书店买了一本书,谈班级管理的。在书中,作者提到了一个教育专业的QQ群,我当时就申请加入了。加入后,我发现群里的老师们都特别好学,特别热爱教育,这里真是别有洞天。

于是我想,是否可以在网上搜到其他优秀的班主任群呢?一番搜索下来,我找到了十几个活跃度高的班主任群。再经过一个星期的观察,我只留下了一个"全国草根班主任群",感觉这个群很接地气。

当时,我正好看到群里有一个征稿启事。于是,在寒假里我积极投稿,认真挑选并修改了自己曾写过的两篇文章,给群主肖老师传了过去。肖老师的回复简单、干脆。我当时还未感觉到群主的热情,只是觉得群主肯定很忙,对老师的要求很高。

记得那时有一个刚上班的老师,也是刚加入本群,在群里问,这个群是不是没什么活动啊,好冷清。那时,广东的贾老师回复说,群里平时很热闹的,只是现在放寒假,老师们都在休息。于是,我也期待着开学后群里的动态。

此间,我在群文件里了解了一下本群,并学习了群里一些名师的讲座,还下载填写了《论坛成员信息表》。开学后,大概是看到我的个人信息简介,肖老师跟我有了一点交流,并向我征求是否愿意在群里做一次讲座。

为了更好地提升自己,我就斗胆应承了下来。但是,肖老师审查得很严格,一稿未通过。我又修改,二稿总算是通过了。不过后来,一稿《做一个轻松的班主任》经编辑缩减,发表在我市的《襄阳日报》"教育周刊"上。这也算是我总结自己的教育实践,取得的又一成果。

其间,我也初步在群里学会了主持、整理等工作,但还没尝试过。在群里申请后,2014年5月底的一天晚上,我主持了山东陈老师的讲座。同时,我也想做做整理,锻炼一下自己,后来才发现这并不容易。在听讲座的过程中,我努力复制、整理整个讲座的内容,但总是弄不好。还好,广东的蓝老师非常热情,及时救场。陈老师讲座完毕,蓝老师已经整理好了。群里真是人才济济。

在主持完陈老师的讲座后,肖老师说,下周你就做一次讲座吧,也接受一下老师们的"检阅"。于是,在2014年6月初的一天晚上,我再次梳理自己的班级管理实践与思考,在群里做了一次讲座。经过本次讲座,我对自己的班级管理思路有了更加清晰的认识,并进一步优化了自己的班级管理策略。

从加入草根群开始,只要是群里安排有讲座或活动,我都会认真地学习揣摩,也会积极地发言、参与,与大家一起交流切磋。每一位主讲老师的发言总是能够给大家带来思考,带来启发,带来力量。

草根群为每位一线老师搭建了一个自我学习、自我提升的舞台。在这里,我们既可以"低头拉车",做好自己的教育;也可以"抬头看天",学习名家的教育经验。这里的每一次讲座或活动,总是充满了睿智,充满了感动,给我们平淡的生活增添了一股前进的动力。

参加线下活动

除了在网上研讨,草根群还经常开展线下活动。

有一年暑假,我和群里的部分老师前往安徽阜阳,参加全国班主任研究会第二届年会暨班级管理研讨会。这是一场思想的盛宴。

一路上,天空蔚蓝,白云悠悠,太阳恣意释放所有的热情,绿树青草在此时最为郁郁葱葱。坐在列车上,只见连绵的青山、碧绿的庄稼、三三两两的房屋及街道从两旁飞驰而过。经过十个多小时的行程,终于到达目的地。

一走进入住酒店,在大厅前台接待的吴老师立刻起来,热情地指引我来到老师们聚会的餐厅。餐厅里高朋满座,来自全国各地的老师们欢聚一堂。一进门,我就见到了在群里相识已久的肖老师与卜老师两位名师,他们与我亲切握手,十分热情。

落坐下来,简单介绍后,坐在我右边的陈老师立刻给了我一个热情的拥抱。在来此之前,从网上的交流中,我就知道了陈老师的赫赫大名。她是广东省名班主任、广东省首批名班主任工作室主持人、广东省家教金牌讲师。在本次年会中,与陈老师及众多名师一起交流、学习,实在是一件快乐的事情。

吃过晚餐,在去房间的电梯里,我碰巧遇到了张老师。张老师是山西省吕梁市优秀班主任,平时经常在群里为大家服务。本次年会,她负责中学组的报道、接待等工作,十分辛苦。一见面,张老师就热情地拉着我的手,交谈起来。因为一直忙于接待来自各地的老师,张老师一脸的疲惫,但热情丝毫未减。

来到这里的,有全国模范教师、特级教师,有各省市的骨干教师、优秀班主任,也有热爱学习、不断进取的普通班主任。

接下来整整两天的学习,涉及的内容有班主任的专业素养、问题学生的教育策略、班级管理智慧、班级文化建设等。

山东王老师的讲座"写作,教师成长的密码",让我们受益匪浅。王老师首先以自己为例,讲述了一个草根教师的故事。他从一个临时代课老师,到校办工厂的工人,再到优秀班主任、全国名师,一路走来,充满坎坷。他让我们明白,若想得到别人的认可,你总得有一样东西拿得出手。至今,王老师硕果累累,在全国各大报刊上发表文章达1000多篇。接着,王老师讲述了怎样才能写好教育叙事,以及几点技术上的建议,几点人文上的思考。这些都给我们一线班主任带来深深的启发与激励。

吉林李老师的讲座"善于借力资源,打造班级文化",令人十分感动。李老师任教的农村班级条件十分简陋,几乎没有任何优质的教育资源。但极为艰苦的教育环境,却让李老师想到借助外界的资源来进行教育的办法。当今社会,互联网让世界成了地球村。李老师的博客也引起了一些热心人士的关注。叙利亚爱心青年为她的班级捐赠图书,著名书法家曹在斌为班上每一个孩子写了一份书法作为激励,著名动漫家沙皮为班上每一个孩子设计了漫画作为活动奖励,著名音乐家欧阳倩为班级谱写班歌,等等。孩子们在享受爱的同时,也学会了播种爱。把世界带进班级,班主任真是太有智慧了。

年会上,每一个老师的讲授都有各自的亮点。老师们热爱学习的进取精神,引导学生的巧妙智慧,管理班级的细致入微,文化建设的异彩纷呈,带来的都是满满的正能量,促使我们带着智慧前行。

面对来自全国各地的班主任,我也走上讲台,谈了自己平时带班的心得和实践。学习、实践、反思,是每一位老师成长的必经之路。只有在这样的交流活动中,才能不断地得到各方面的锻炼与成长。

在这里,台上每一位老师轻松幽默的讲述背后,都是扎扎实实的班级管理工作与矢志不渝的专业进取精神。未来如何比现在做得更好,是我们思考最多的问题。在深入的交流与研讨中,我们今后的每一个脚步一定会走得更加稳健。

天下没有不散的筵席。两天的时间匆匆而过,留下的是收获,是感动,是成长,更是动力。

又是一个明媚的清晨,回到家,天空依然蔚蓝,白云依然悠悠,阳光依然灿烂。教育,也将从这里继续出发。

热　爱读书，遇见最好的自己

上中学时，不知怎的，偶然间看到了庄子的文章。那时，我就认为庄子与世无争、逍遥自在的生活是人生最美的境界了。从此，道家的这种思想便深深地影响了我。

1997年7月，大学毕业。那年秋天，我走上了三尺讲台，开始了属于我的教育生涯。无论是工作，还是生活，我一直秉承着"与世无争"的思想，以为这样就可以很洒脱地生活。记得那时曾看到，有的同事明明已经很优秀了，其班级期末考试的综合指数也已是领先，却还是会为了学生试卷上一分半分的误判而争论不停，我觉得挺没意思的。我始终认为，一个班考得好不好，也不在乎那一分半分。该好的照样好，该差的照样差。再说，争赢了又怎样？不还是照样过着自己的普通生活？我对这样的事向来是不屑一顾的。

"世上本无事，庸人自扰之。"我常这样想，"有什么好争的？大家总是为了一些琐事争得面红耳赤，何必呢？我什么都不争，也没比别人少什么东西。大家都还是一样，日复一日地过着平淡的生活。"

照理，超脱的思想本应该让人过得很洒脱、很快乐。但事实却并非如此。随着时间的推移，因为自己的不思进取，工作业绩一般，我渐渐地发现自己并不快乐。从刚上班时的满腔热情，到后来的烦恼彷徨，我过得并不开心。我也曾想过，应该认真钻研一下教育，一定要把工作搞好，却并未付诸行动。

都说"十年磨一剑"，十年一晃而过，我在工作上却没有任何起色，无"剑"可亮。现在能够想起来的，还算值得骄傲的，就两点：一是在上班第一年里，收到了二十多个学生送的新年贺卡，比后来任何时候收到的祝福都多，一直都很感动。后来我才知道，刚上班的大学毕业生，是学生们最喜爱的十类教师之一。二是某学年下学期八年级期末考试，语文试卷出得特别难。全乡两个初中学校联考，十几个班级，只有我班出了两个高分学生，其余班级全军覆没。在乡政府表彰大会上,我获得了百元优秀奖励。

时间如沙漏,一点一点地在流逝。直到2007年的暑假,我才开始了真正的学习。此时,距离刚参加工作已整整十年。其实,这十年间,我也曾为未来努力着,虽然很平淡。

那时,我刚调入城里,在一所普通中学教书,日子过得平淡却也轻松。孩子也有一岁了,我的心思就转到了工作上。从此,我开始付出行动,钻研教育。"既来之,则安之。"既然选择了教育,就义无反顾地走下去吧。

最开始我不是班主任,读的是语文教学方面的书籍。读着读着,就开始钻研班级管理的书籍,自己也当上了班主任。几年的书海徜徉,成就了最好的自己。如今,读书于我,已成为一种习惯。

站稳讲台,做最好的老师

2007年暑假,我开始全心投入学习之中。在大学里,我学的是师范中文系专业,学校里发的有《教育学》《心理学》《简明写作教程》《中学语文教学法》等书籍。但那时是纸上谈兵,没有亲自实践。现在重新拾起课本,结合自己的教育实践背景,学得非常有感觉。书上介绍的内容真是太好了。像关于智力因素、非智力因素、艾宾浩斯遗忘曲线等知识的介绍,告诉我们如何去提升学生的智力,如何去指导学生温习功课等。把握教育教学规律,方能事半功倍,取得理想的教育教学效果。

参加工作后,学校也曾给每位老师发过一本《苏霍姆林斯基全集》,但一直都被我束之高阁。这回,我把它重新取出来,认真阅读,认真做笔记。书中的许多观点与做法,都让人非常受益。后来,我买的第一本书是当代教育家魏书生老师的《教学工作漫谈》。其实,学校早就带领老师们学习过魏书生教育教学的视频。当时,老师们听得也都很震撼、很敬佩。我本也想好好地去学习一下,但因家中没条件播放录像带,就没去向学校借,也没有学习了。因为魏书生的教育教学做得那么轻松有效,早就给我留下了深深的印象,所以真正开始学习后,我首先就买了他的书籍。魏书生老师的书写得明白晓畅,我看得十分认真。书中的一字一句,每一个做法,都很吸引我,我一天不落地学习着。当时小孩一岁,暑假里我带着她在老家玩。白天,孩子跟小伙伴尽情玩耍时,我就读书;晚上,等小孩熟睡后,我就在旁边读书。就这样,一个星期的时间,细致地读完这本书,也做了不少笔记。开学后就慢慢把自己的所学融入教学实践中去。

后来,我在书店的宣传中看到一句话:北有魏书生,南有李镇西。我又买来李镇西老师的书《做最好的老师》,认真阅读,学习其中的做法,并思考如何运用到自己的教学实践中。再后来,我在书海里认识了更多的名师,阅读了霍懋征、李吉林、于漪、钱梦龙、窦桂梅、余映潮、程红兵、王君等优秀教师和教育家的书籍或新闻报道。在教育教学方面,积累了许多优秀的方法。

从2007年开始,我很幸运地带了四年的毕业班,且都是普通班。学校每一届最差的学生都曾从我这里经过。李镇西老师说,优秀老师都是差生培养起来的。所以,一个老师要想真正地成长,就从带好差生开始吧。就这样,四年的学习、实践、反思之后,我被评为了市级骨干教师。这是我教育生涯里获得的第一个真正的荣誉。以后的荣誉也就慢慢来了。从那以后,我所带班级的语文成绩,不管每一届学生的整体素质如何,常常都能保持领先。在不断的学习与实践中,我的教学工作也做得越来越好。

创优班级,做最好的班主任

读的书多了,我发现很多优秀的老师都把班主任工作当成享受,令班主任工作充满了魅力。其实,我不是一个幸运的人,能像许多大学生那样,刚分到学校里就当上了班主任。在连续申请了几年后,我才当上班主任,终于可以把书中所学的智慧,在自己的班级进行实践了,很开心。

之前,我认真阅读过魏书生老师的《班主任工作漫谈》,李镇西老师的《做最好的班主任》等书籍,我知道班级管理要讲民主、讲科学,要有爱心、有智慧。尽管有优秀的教育理念、教育方法做指导,但在实际工作中,我的班级管理还是遇到了许多困难。怎么办?再继续读书,继续学习呗。自己的事情,只有自己去想办法解决。

于是,后来我又读了更多关于班级管理的书籍,例如《第56号教室的奇迹》(雷夫·艾斯奎斯)、《英才是怎样造就的》(王金战、隋永双)、《班主任如何带好差班》(赵坡)、《优秀班主任的六项修炼》(陈松信)、《如何管出好班级》(刘令军)、《班会课100问》(丁如许)、《班主任修炼之道》(肖盛怀)等等。书中的智慧让人开阔视野,受益多多。学习了好的班级管理方法后,我常常反复实践,不断改进。

"书籍是人类进步的阶梯。"以书为伴,我的班级管理工作也进步很快。渐渐地,我也有了自己的班级管理策略。班级管理井然有序,又轻松省力。

回顾这些年的带班经历,也算是酸甜苦辣,五味杂陈。但努力过,付出过,就必然会有收获。正如全国十佳班主任田丽霞所说,第一年,亲力亲为,熟悉班主任工作的方方面面;第二年,不是老马也识途了,依然认真开展好各项班级管理工作;第三年后,坐看云起云落,慢慢欣赏学生绽放自己的美丽与活力。

平时,我班学生积极参加各项活动,先后有两位学生成为区书法协会理事,五位学生在区中学生运动会上被评为"健美星"等。因为我常指导学生作文参赛或发表,本班曾被评为"冰心少年文学摇篮班"。在学校组织的"校园之声"合唱比赛中,全班齐心协力荣获第一名,并代表学校参加区合唱节比赛。每学期我班的"感动班级十大人物"评选活动,带给孩子们极大的鼓励。这些年,我对自己的班主任工作也越来越满意。

读书,成就了最好的自己。沉潜涵泳,默默读书,仅仅四年之后我便看到了自己的进步,收获了工作的幸福。

如今,读书于我,已成为一种习惯。

(原载于《中华校园》2017年5月刊,有改动。)

热爱写作，遇见未知的自己

孔子曰："学而不思则罔，思而不学则殆。"可见，学习与思考要相互结合。在平时读书、实践的基础上我也不断思考，坚持写作。写作内容涉及教育案例、教学叙事、课堂实录、下水作文、教育杂感等。

全国著名班主任李镇西指出："教育随笔的写作不仅仅是单纯的写作，它必然伴随着实践、阅读与思考。它与实践相随，与阅读同行，与思考为伴。实践是它的源泉，阅读是它的基础，思考是它的灵魂。"正因为一直坚持思考和写作，我的许多文章得以在《中国教师报》《少年儿童理论研究》《教育时报》《德育报》《冰心少年文学》等国家级或省市级报刊上发表。

在这个过程中，我的写作水平慢慢提高了，教育教学能力也不知不觉提升了。

以身作则，先写下水作文

有一年，放五一小长假时，我布置了一个任务，即要求全班同学每天都写一篇作文。回到老家，百无聊赖之时，我就想，自己何不也来写写？于是，我写了四篇文章。

上班之后，我试着在电脑上把自己写的这几篇文章传到了本地报社的编辑邮箱。谁知，一个月后，居然在办公室看报时发现自己写的《自然是最美的风景》一文，在本市日报的"文学副刊"专栏上发表了，非常开心。

"都说风景如画，其实画源于生活，源于自然。天地自然才是最美的风景。行走乡间，许多美丽的景致让人过目不忘。"

"乡间的景致，或给人以悠闲，或给人以壮观，无论怎样都让人不禁感叹：自然才是最美的风景，才能给人以最真切实在的生活体验。这时也许你会想起两句对联：宠辱不惊，闲看庭前花开花落；去留无意，漫随天外云卷云舒。一切回归自然。"

景由心生，那时的文字便是那时心情的写照。农村的广阔景色激发了我对生活的思考，也激发了我的写作灵感。

后来，另外三篇文章也相继发表。从此，我尝到了甜头，在写作的路上一发不可收拾，延续至今。

再后来，除了指导学生发表作文，我也经常在课堂上和孩子们一起写下水作文。其中，益处真是挺多。

一是锻炼了自己的写作水平。俗话说："拳不离手，曲不离口。"文章也是这样。只有经常写，才会越写越好。

二是起到了良好的示范作用。我总是结合自己的身份、自己的实际情况、自己的真情实感来写作。每次在作文点评课上，给全班念自己的作文时，总能赢得孩子们热烈的掌声。"身教"的作用与影响是深远的。

三是积累了自己的教学成果。那时我发表了一些文章，尤其是散文，不少都得益于和学生一起写的下水作文。

留住精彩，写下课堂教学

课堂是教学的主阵地。在教学活动中，有一些精彩的课堂令人难忘，我便做了详细的记录。

例如，阅读教学。《敬畏自然》一课，告诉我们要爱护自然，与自然和谐相处。学习此文时，我重在突出学生学习的主体地位，采用了小组合作与竞争的学习方式，大大激发了学生们的学习热情。

在"互问互答，探究主旨"这一环节，各小组提出本组的问题，教师随时巡视并加以指导。结果全班五个小组提的问题都非常有价值，都围绕着课文重点进行。提问的小组代表对其他组同学的回答是否满意也给了评价，激发了各小组竞相回答问题的热情。

在"细细研读，品味语言"环节，我提出了一个富有张力的问题，即让学生们谈谈自己最欣赏的句子。各组学生各抒己见，争相回答，表达自己的见解。新课标强调，阅读是学生的个性化行为，不应以教师的分析来代替学生的阅读实践。这一做法，正践行了新课标的理念。

整堂课，组内合作，组间竞争，充分调动了学生们探究课文的学习热情，真是有竞争就有动力。恰当的学习方式带来了良好的课堂学习效果。

课后,我把本次教学活动记录了下来。再后来,《〈敬畏自然〉课堂实录》一文发表在《语文报》上。

细心提炼,写好教育征文

平时,我们经常会遇到一些教育征文活动。参不参加,都是自愿。在最初开始进行教育写作时,只要遇上有此类征文活动,我都会好好回顾一下自己的教育教学实践,并细心地提炼,认真写好一篇文章来。

有一次,学校布置了一个教育征文活动,要求班主任们积极参与,撰写一篇有关班级管理艺术的文章。我根据自己平时在管理与教学上的实践,以"为学生搭建展示自我的平台"为题,从三个方面讲述了我班学生的成长历程。

首先,是营造班级文化平台。在营造书香班级的文化熏陶中,学生们自己动脑动手,设计班级教室。教室,成为孩子们展示自我才华的平台。在营造班级文化氛围的活动中,有的同学善于策划,有的同学善于设计,有的同学善于张贴。不同的学生发挥出了各自不同的优势,每一个学生的才能都在这里得到展现。

其次,是创设课堂学习平台。学生是课堂学习的主人。在课改大背景下,我们开展了小组合作与竞争的学习模式,每堂课让小组展示,给小组评分。这种学习方式激发了学生们学习的积极性、主动性,变被动学习为主动学习。在做自己学习的主人时,学生们也拥有了学习的兴趣,还培养了自学能力、合作精神、竞争意识等综合素质。

再次,是搭建精彩活动平台。活动课,一直深受学生们的喜爱。经常开展丰富多彩的课内外活动,让各级各类的学生都得到参与和锻炼,班级的凝聚力和向心力才会得到提升。我们经常在班上开展一些丰富多彩的活动。不知不觉中,学生们既提高了学习兴趣,又丰富了读书生活,还增添了对班级的热爱。

后来,此文在本次活动中获得一等奖。活动主办方又要求作者再进行细致的修改与完善,最后此文入选《襄阳班主任谈班级管理艺术》一书。

养成习惯,记录教育生活

阅读是输入,写作是输出。从开始阅读那一天起,我也开始了写作。时间越长,写的内容越多。慢慢地,这些文字也内化为能力。

写读书经历,是对自身成长的反思。

读书，给我带来了很多收获。从无为的轻松，到有为的轻松，我只是多了一份用心、一份努力。北京师范大学教授于丹说得好："一个人在工作的时候就做儒家，去努力做事；在自己的个人生活里就做道家，去尽量潇洒。"这样，我们才能在工作与休闲之间，承担好自己的角色。

写课程探究，是对教学工作的提炼。

记得有一次我写作《语文中考复习的一点思考和建议》一文时，谈到了初中最后一个学期的复习计划，非常实用。文章强调，中考复习应该至少有三遍，而且每一遍的时间安排、教学方法、重要意义，文章都写得很清楚。从第一遍的全面复习，到第二遍的重点复习，再到第三遍的冲刺复习，经过反复训练，学生们一定会对各种题型非常熟悉，进而在中考时做到胸有成竹，从容下笔。每每需要时，把以前写的文章再拿出来看看，对教学非常有帮助，非常省心。

写育人策略，是对班级管理的总结。

有一年年初，我在本市接触了一些弘扬中华优秀传统文化的义工。那年6月底，在我市某剧院，举行了三天免费的国家级传统文化论坛。我申请领到了一张参会证，专门抽时间认真聆听了一天的讲座。这是一场润化人心、感动生命的幸福论坛，每一场讲座都是座无虚席，中途从未有人退离。在学校里，我也开始在自己的班级尝试推广传统文化，并有了一些收获。后来，我还写了一篇文章《国学，让学生更智慧》，讲述了自己近一年来在班级开展国学经典课程的做法。再后来，此文发表在《教育时报》上。

平时，经常写写文章，不断反思、提炼、总结，自己的教育教学工作也开展得越来越好。在文字里，可以与过去的自己交流，可以与现在的自己探讨，也可以与未来的自己对话。

未来，掌握在自己手中。

后　记

时间如白驹过隙,不知不觉间,桃花又红了,柳树又绿了。时光的脚步从不停歇,在我们一边工作一边休闲的生活中,新的一年已经到来。在过去的时光里,我也曾记录了自己的许多教育实践。

翻开日记本,在或长或短,或多或少的文字里,我回顾、寻找着这些年里自己的教育足迹。一番梳理下来,才发现原来这些年中,自己也做了许多探索,也有了许多收获。

从去年底至今年初,写作这部书稿花了两个多月,而积累这些素材则用了近二十年。回顾旧时的文章,往事历历在目。一路走来,我要感谢那些一起陪伴我前行的人们。

感谢纯朴的学生。每一届学生,都能给我带来不同的感受、不同的经历。在与学生们打交道的过程中,我的教育教学能力也在提升。当然,在与学生们共同成长的过程中,我也不断享受着那些点点滴滴的幸福。一个热情的拥抱,一张温馨的贺卡,一颗甜甜的奶糖,一小瓶清润的金银花饮料……学生们的爱,更让我感动。只为这些点滴幸福,我也要微笑生活,用爱呵护孩子们的成长,让孩子们拥有多姿多彩的学习生活。

感谢友善的同事。初出茅庐时,有年长老师的关照与帮助,让我的教育生活充满了温馨;与年轻老师的互学与共勉,让我不断地进步。平时在遇到教育难题时,我们一起切磋,一起探讨,共同进步。碰到新问题,我时常会向一些同事请教,他们也总是很热情地给予帮助。我也会默默地向许多同事学习,他们的带班育人方法都值得借鉴。每个人都有值得学习的地方,都能给我带来启发。

感谢睿智的网友。在互联网时代,我们的交流更加便捷。网上也有许多志同道合的朋友,我也可以向他们学习。而且在网络里,我还可以和许多名师、学者倾心交流。如何培养学生的自主管理能力,如何做好班级文化,如何渗透德育工作,如何开展班级活动,如何制作班级微电影,如何引导有效阅读,如何进行教育写作,如何在网络里提升自我,等等,这里会有许多优秀的老师或编辑带来奇思妙想,闪现智慧火花。

感谢至亲的家人。在忙碌的教育生活里,家人们给我带来了欢乐,带来了幸福。老师常常早出晚归,家里的许多事情都来不及去做,家人的支持会让我十分轻松。老师的工作不论时间,随时都可能要开展,家人的理解会让我十分安心。假期里,我和先生经常带孩子去图书馆看看书,去野外爬爬山,去公园里走走,放松放松心情,舒活舒活筋骨,其乐融融。教育是相通的,如何与孩子相处,便也如何与学生相处,感悟越多,快乐越多。

一路走来,感谢所有陪伴我前行的人们,让我的生活如此充实,如此有意义。

其实,我一直以来都想把自己的教育思想与教育实践写下来。自从去年七月份开通了自己的个人微信公众号——"宁馨时光",我便坚持每天在里面推送一篇原创文章与读者分享。这样,一方面让自己养成良好的思考与总结的习惯,另一方面也借助网络来督促自己去更好地写作。不知不觉间,我在经营公众号的过程中,也把过去的这些文字都整理了出来,期待与更多的读者朋友分享。

光阴荏苒,又是一年春好处,大地复苏,万物萌发。希望这一份书香,能给您带来一缕阳光。也希望您能在此书中摄取到所需的营养,以更好地帮助您的班级成长,那就是作者莫大的幸福了。

2017年2月